会计做账实务与缴税纳税实操大全

张英伟◎编著

台海出版社

图书在版编目（CIP）数据

会计做账实务与缴税纳税实操大全 / 张英伟编著 . —
北京：台海出版社，2020.8

ISBN 978-7-5168-2663-8

Ⅰ . ①会… Ⅱ . ①张… Ⅲ . ①会计方法②税收管理
Ⅳ . ① F231 ② F810.423

中国版本图书馆 CIP 数据核字（2020）第 125883 号

会计做账实务与缴税纳税实操大全

编　　著：张英伟

出 版 人：蔡　旭　　封面设计：仙　境
责任编辑：王　萍

出版发行：台海出版社
地　　址：北京市东城区景山东街20号　　邮政编码：100009
电　　话：010-64041652（发行、邮购）
传　　真：010-84045799（总编室）
网　　址：www.taimeng.org.cn/thcbs/default.htm
E-mail：thcbs@126.com

经　　销：全国各地新华书店
印　　刷：天津旭非印刷有限公司
本书如有破损、缺页、装订错误，请与本社联系调换

开　　本：880毫米×1230毫米　1/32
字　　数：267千字　　印　　张：8.5
版　　次：2020年8月第1版　　印　　次：2020年8月第1次印刷
书　　号：ISBN 978-7-5168-2663-8

定　　价：68.00元

前 言

Foreword

“经济越发展，会计越重要”，会计工作是整个单位财务管理工作的核心。

会计工作质量的好坏直接影响单位财会管理水平和单位经营决策是否合理，是否能及时准确地提供单位货币资金活动信息，是否能保证货币资金的安全与完整，这些都会对单位的会计核算和经营管理产生重要影响。

本书能给读者带来什么?

本书全面介绍了会计工作中涉及的各种知识，可以供新入行的会计作帮助上手指南，也可以帮助管理者更好地理解和指导会计工作，为财务管理提供帮助。

全书详细地介绍了会计工作中的所有程序，包括：会计资格的取得、处理账务、财务核算、会计电算化、财务报表编制、报账、笔迹鉴别、票据的整理、更正账簿中的错误，及有关事项的处理等知识，还汇集了出纳工作中最常用的识别假账、数据核查、会计误差更正、工作接手和对接等技巧。

在本书中特别设有经典示例版块，都是会计工作中曾经发生过的案例，用以增加阅读的趣味性。

本书全程配以图示来辅助用户学习和掌握，涉及的工作流程都以流程图的形式来呈现，使会计工作中一些繁杂、难以理解的工作清晰化。

本书写给谁阅读？

本书适合新会计、有志于从事会计工作的人员、中小企业管理者、财务部门主管，以及对会计工作感兴趣的工作者作为案头工具书使用。

尽管作者对书中的解释、案例精益求精，但疏漏之处仍然在所难免。如果您发现书中的错误或某个案例有更好的解决方案，请与我们联系，能让我们在下次有更好的作品。

再次感谢您的支持！

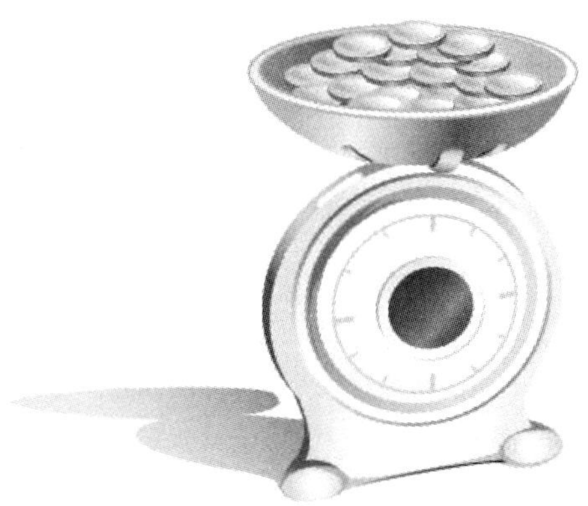

本书阅读说明

《会计做账实务与缴税纳税实操大全》是一本专门为刚踏入社会的上班族量身打造的通俗读物，全书共分为11章。为了能让读者由浅入深、简单明了地掌握会计工作需要的基本知识，也为了节省读者的宝贵时间，本书在内容上尽量将专业的知识通俗化，以常识的角度来阐述高深的理论。

书名

标题

每章都包括若干个大标题，揭示该章要学习的知识。

关键词

本节内容的重点荟萃。

经典示例

发生过并且可能再次发生的趣味小故事。

会计做账实务与缴税纳税实操大全

借贷记账法

关键词：借贷记账法 会计分录

借贷记账法：是记录经济业务的，以"借""贷"为记账符号的一种复式记账法，通常又全称为借贷复式记账法。

会计分录：是对每项经济业务指出其应登记的账户、方向和金额的一种记录。

借贷记账法以"资产＝负债＋所有者权益"为理论依据，借方表示资产的增加或者负债和所有者权益的减少；贷方表示与借方相反。对于每一项经济业务的记录，都按照相等的金额同时记入一个或多个账户的借方和一个或多个账户的贷方。

经典示例

借贷记账法起源于13~14世纪的意大利。最初"借""贷"两字，是记账的意思，反映的是"债权"和"债务"的关系。随着商品经济的发展，以及借贷记账法的不断发展和完善，"借""贷"两字逐渐失去其本来含义，变成了纯粹的记账符号。后来，借贷记账法因1494年问世的《算术、几何、比与比例概要》一书而正式成为大家公认的复式记账法。

它对账户不要求固定分类。账户的设置基本上可分为资产（包括费用）类和负债及所有者权益（包括收入）类两大类别。

资产类账户的借方登记增加额，贷方是减少额，一般为借方余额（账户余额一般在增加方，下同）。

在阅读页面上，完全采用简单清楚的学习化界面，配合图解来辅助解释复杂的概念。此外，在行文中还加上了趣味盎然的经典示例版块，能让人加深印象的专家点评版块。阅读本书就成了一种享受。掌握本书的内容，就能迅速地融入工作角色。

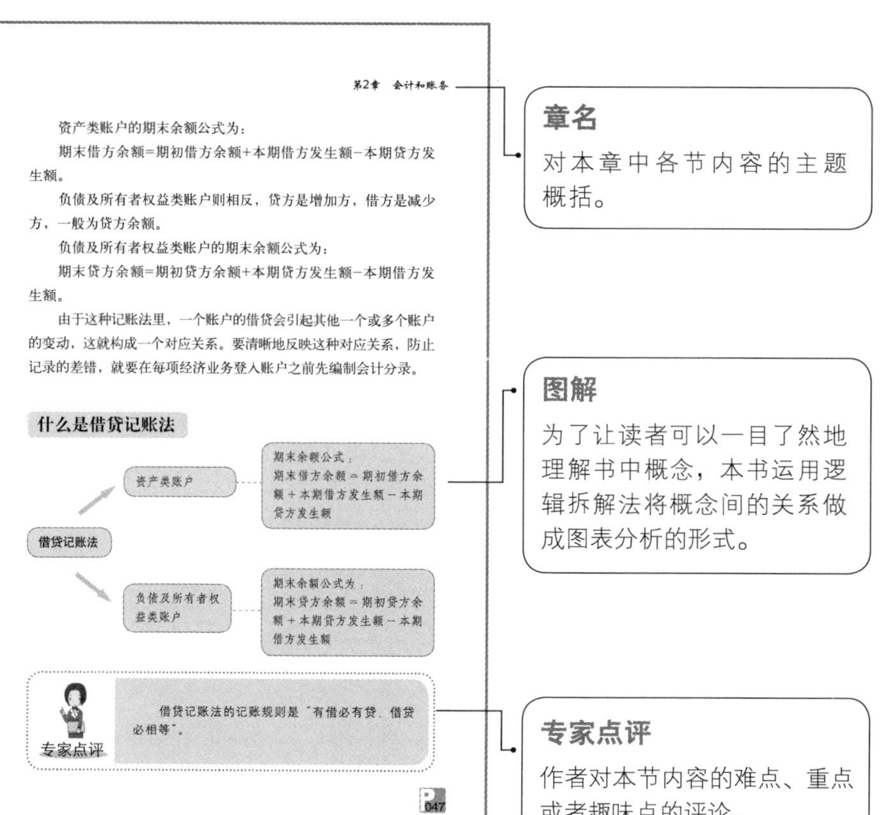

目 录

Contents

第1章 会计和会计学

第2章 会计和账务

第3章
账簿基础

第4章
主要经济业务的核算

第5章
必须掌握的会计方法

第6章
处理会计报表

第7章
会计应掌握公司的基本状况

第8章
清查自己的财产

第9章
会计漏洞和应对

第10章
报税

第11章
好会计都知道的事

附录

第1章

会计和会计学

会计是一个职业，指算账、报账等一系列会计工作。它产生于经济管理的需要，并随着经济管理的发展而不断发展和完善。在我国古代，会计被认为是“算账记账”的工作，发展到现代，它成为从事经济管理工作必须掌握的“商业的语言”。

会计学是一门应用学科。它研究资金的运动，对再生产过程中的价值活动进行计量、记录和预测；监督、控制价值活动，促使再生产过程。它的产生和发展与近代会计的形成及发展有着密不可分的关系。

什么是会计

关键词：货币 计量

货币：用以固定充当一般等价物的商品。

计量：是指实现单位统一、数据准确可靠传递的活动。

会计主要是以货币为计量单位，反映和记录企业经营过程中发生的经济业务。会计的工作内容和流程主要是对经济信息的确认、计量、记录和报告。

最早的会计

“会计”在我国最早出现在西周，当时在王室设立了专门掌管财物赋税官吏“司会”一职，进行财务统计和核算工作，同时也是国库管理员。1494年，意大利商人卢卡·帕乔利出版了《算术、几何、比与比例概要》一书，系统阐释了复式记账法，为会计制度的普及奠定了基础，帕乔利也因此被称为“近代会计之父”。

会计的诞生是源于经济管理的需要，会计在古代被当作一种记账和算账的工作；而在现在经济高速发展的现代企业中，会计被认为是一种商业语言，想了解一个公司的整体运营状态和获利能力，最快最直接的方法就是看该公司近年来的会计信息，包括财务会计报表和其他会计信息。会计信息也是每个企业老板或经济管理工作者必须掌握的管理知识。

会计主要分为两类。财务会计主要是指传统的会计计量、确

认、记录和编制会计报告，向外提供反映企业经营成果和财务状况的变动的会计报表。财务会计具有事后核算、向外提供决策信息依据等特点。

管理会计是根据现代经济发展的需要延伸出来的一门独立学科。管理会计是利用会计提供的资料以及其他经营相关资料，通过整理、分析、对比等方法，向老板或管理者提供决策依据信息。管理会计具有事前规划的特点，它和财务会计具有相互作用。

什么是会计

每月总结叫“计”，每年的统计为“会”

从事会计工作的人。要做的工作是确认数据，计算整理，记录成册，并向上级报告

经过古代会计、近代会计和现代会计三个发展阶段，各有各自的特色

工具：
账本、算盘、计算器、分析资料和报告

会计的特点

1. 以货币为对象
2. 以确实的数据为依靠
3. 具有连续性、综合性、全面性和监督性

专家点评

在日常生活中，会计往往指的是从事会计行业的服务人员，是一个名词，而在本书中，会计是一个动词，强调的是经济行为。

会计人员守则

关键词：会计职业道德

会计职业道德：即对会计职业行为及职业活动的职业行为准则和规范。具体包括：爱岗敬业，诚实守信，廉洁自律，客观公正，坚持准则，提高技能，参与管理和强化服务。

经典示例

为了建立规范的会计工作秩序，提高会计工作水平和道德素质，财政部在1996年6月17日颁布了《会计基础工作规范》。2019年，为了适应新的规章制度，财政部重新将此规范进行了修订。我国现行的《会计基础工作规范》即为2019年3月14日财政部修订版。

会计行业本身的性质决定了所有会计从业人员必须以诚信为本，遵循准则，保证会计信息的真实、可靠。真实可靠的会计信息可以为广大决策者、投资者、债权人、企业管理者等提供重要依据。正因为会计行业的职业本质是诚信、真实、可靠，因此会计人员的职业道德才会更为人重视，会计人员在从事工作时，需要遵循一定的守则。会计人员从业守则条例如下：

第一条　遵守国家法律法规和会计人员职业道德，廉洁自律、爱岗敬业、忠于职守、客观公正。

第二条　熟悉各项财经法规、规章、制度，刻苦钻研会计业务，不断丰富会计理论知识，努力提高工作效率和工作质量。

第三条　严格依据《中华人民共和国会计法》《会计基础工作

规范》《高等学校会计制度（试行）》等规定办理会计事务，进行会计核算，实行会计监督。

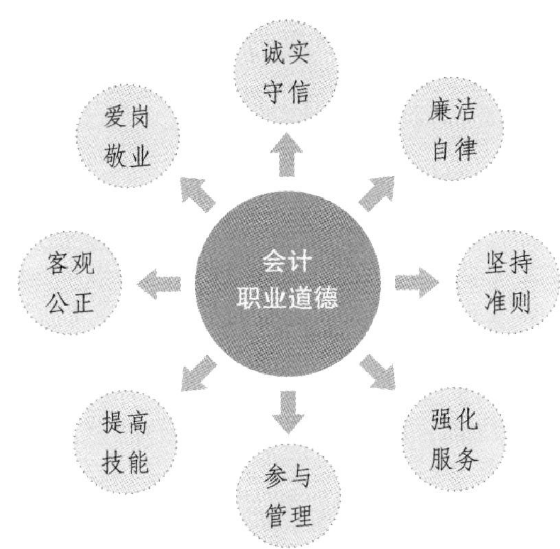

第四条　严格执行公司预算制度，履行审批程序，遵守内部清查制度和会计核算规程，合理使用资金。

第五条　严格遵守安全制度，妥善保管现金、票据、公章、保险柜钥匙和原始凭证、会计账簿、财务报表等会计档案。

第六条　严格保守财务秘密，不得擅自向外提供、泄露本单位财务信息。

第七条　坚持原则，不徇私情，敢于同违反国家财经法规、财务制度和一切损害国家利益的现象做斗争。

由于现行财务机制的不健全，一些企业、单位的领导人为了个人利益，指使会计人员弄虚作假，一方面追逐账面利润，另一方面又挖空心思，欺上瞒下。会计依附于企业、单位，也挑战着会计的道德。

专家点评

随着市场经济的不断发展和社会竞争的不断加剧，由于种种因素，部分会计人员违反会计的职业道德，按照领导要求包装企业财务成果，或者利用工作便利谋取私利，使会计信息失真已成为社会普遍存在的问题之一。

会计和财务的区别

关键词：财务

财务：是国民经济各部门、各单位在物质资料再生产过程中客观存在的资金运动及资金运动过程中所体现的经济关系。

每个公司都有财务部门，但很少有公司设立专门的会计部。人们常常错误地认为财务与会计是没有区别的，但实际上两者既有区别，也有联系。

经典示例

在中国古代，民间的企业和富户个人只有身兼会计出纳的账房，而没有专门的会计。但国家机关里却是一直都有专门的会计部门和人员的，“会计”这个词也不是外来语，而是中国本土产物，最早的会计人员叫“司会”，后来的朝代多称为“度支”，这个官职不但具有现代会计的功能，而且还开展预测、决策、控制和分析，相当于现在的财务。

工作的侧重点不同。会计侧重点在于根据日常的业务记录，登记账簿，定期编制有关的财务报表，报告企业的财务状况与经营成果，主要为企业外界服务。财务侧重点在于针对企业经营管理遇到的特定问题进行分析研究，以便向企业内部各级管理人员提供预测决策和控制考核所需要的信息资料，主要为企业内部管理服务。

工作主体的层次不同。会计主要以整个企业为工作主体，又可以将企业内部的局部区域或个别部门甚至某一管理环节作为工作的主体。

作用时效不同。会计反映过去实际已经发生的经济业务，财务不仅限于分析过去，而且还需利用会计资料进行预测和规划未来，同时控制现在。

信息的特征、载体不同。会计能定期地向与企业有利害关系的集团或个人提供较为全面的、系统的、连续的和综合的财务信息。财务会计的信息载体是有统一格式的凭证系统、账簿系统和报表系统，统一规定财务报告的种类。财务所提供的信息往往是为满足内部管理的特定要求而有选择的、部分的和不定期的管理信息。财务的信息载体大多为没有统一格式的各种内部报告，而且对报告的种类也没有统一规定。

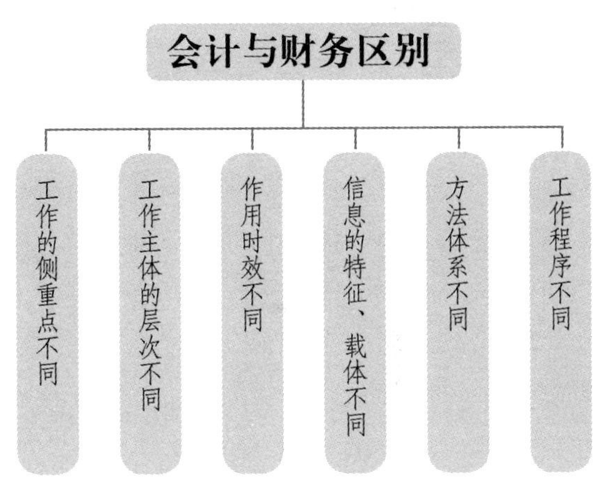

方法体系不同。会计核算时往往只需要运用简单的算术方法。财务可选择灵活多样的方法对不同的问题进行分析处理。

工作程序不同。会计必须执行固定的会计循环程序。财务工作没有固定的工作程序可以遵循，企业可根据自己实际情况设计财务工作的流程。

专家点评

简单地讲，会计和财务的区别在于：会计偏重核算，财务偏重管理。

国家关于会计的法律

****

关键词:《中华人民共和国会计法》

《中华人民共和国会计法》：1985 年 5 月 1 日，我国第一部《中华人民共和国会计法》开始正式施行，此后历经三次修订。

经典示例

20 世纪 80 年代，不少企业尤其是中小企业的会计人员多是高中以下无专业学历，而农村的几百万会计人员更是连技能培训都没接受过。当时的会计工作也非常简单，有一位在钢厂工作了 30 多年的退休会计人员回忆说：那时的企业用不着自己采购原料和销售产品，而是由部里统一调拨。部里下来的指示非常具体，原料采购、生产费用、销售收入等都有非常详细的指标，因此会计工作只要记录各项收入和支出，非常简单。

在中华人民共和国成立之初，政务院财经委员会就发布了“关于草拟统一的会计制度”的训令，但是，在此后的20多年时间里，我国仅在1963年1月3日由国务院发布了一个《会计人员职权试行条例》，会计工作无正式法律可依，只能依据各部门、系统、单位制定的会计制度。

直到1985年才颁布实施了第一部《中华人民共和国会计法》，这一年被称为《中华人民共和国会计法》元年，从这年开始，我国的会计工作终于有法可依了。

20世纪80年代初，我国商品经济与计划经济并存，核算企业经济效益成为财会人员的主要任务。20世纪90年代初，市场经济逐渐取代计划经济，我国的会计工作也开始与国际接轨。1992年11月，财政部发布了《企业会计准则——基本准则》，1993年颁布了修订后的第二

版《中华人民共和国会计法》，进一步完善了我国的会计理论体系。

世纪之交，证券市场的蓬勃发展，虚假报表事件频繁出现，会计造假非常严重，1999年10月31日，通过第三版《中华人民共和国会计法》简称《会计法》修订草案，并于2000年7月1日起正式实施。第三版强调了单位负责人对会计工作的责任和义务，而不仅仅由会计人员来承担责任，且授权县级以上财政部门对会计造假进行行政处罚的权力，并具体规定了行政处罚的力度，使得对会计造假的处罚做到有法可依。

2017年11月4日第十二届全国人民代表大会常务委员会第三十次会议决定对《中华人民共和国会计法》继续修正，修正的法律于2017年11月5日起正式施行。本次修正取消了会计人员从事会计工作必须取得会计从业资格证的要求，并且将相关法条做了进一步完善与修改。

有关会计法律的变迁

1963年1月3日，《会计人员职权试行条例》

1985年5月1日，我国第一部《中华人民共和国会计法》

1992年11月，《企业会计准则——基本准则》及配套的若干行业会计制度

1993年12月29日，第二版《会计法》

1999年10月31日，第三版《会计法》。2017年会计法修正：2017年11月5日《会计法》重新修正

专家点评

在相关会计法的指导下，我国会计从业人员的会计实务工作经历了前所未有的大发展，会计人员队伍已经壮大到近2000万，素质也有了明显提高，本科以上的会计人员成为会计工作的主力军。

会计学的诞生

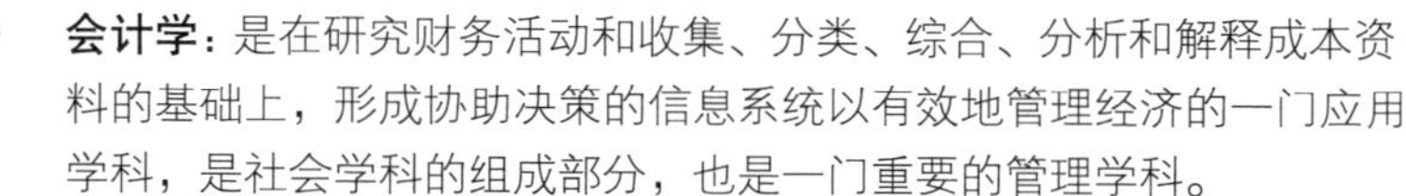

关键词：会计学《算术、几何、比与比例概要》

会计学：是在研究财务活动和收集、分类、综合、分析和解释成本资料的基础上，形成协助决策的信息系统以有效地管理经济的一门应用学科，是社会学科的组成部分，也是一门重要的管理学科。

《算术、几何、比与比例概要》：1494 年，意大利数学家帕乔利的著作，其中详细记述了复式记账法。

经典示例

1494 年，意大利学者帕乔利在《算术、几何、比与比例概要》一书中的第 1 部第 9 篇第 11 节“计算与记录详论”中，系统介绍了当时流行的“威尼斯簿记法”，并结合数学原理从理论上加以概括，这也是近代会计学的理论基础。

会计学的研究对象是资金的运动，包括会计的所有方面，如会计的性质、对象、职能、任务、方法、程序、组织、制度、技术等。会计学由阐明会计制度、会计准则赖以建立的会计理论，以及会计工作如何组织和进行的会计方法组成。从大的分类来看，会计学可以分为营利会计和非营利会计。其中，营利会计又可分为财务会计、管理会计。

会计作为一项计算和考核收支的记录工作，在公元前1000年左右就出现了——不过已经无法考证出现会计“独立”的时间、地点和背景了。生产技术的不断改革，采用一定方法对劳动耗费和劳动

成果进行记录、计算，并加以比较和分析，这就产生了会计。最初的会计只是作为生产职能的附带部分，然后经历了古代会计、近代会计和现代会计三个发展阶段。

早期的会计是比较简单的，只是对财物的收支进行计算和记录。随着社会生产的日益发展和科学技术水平的不断进步与发展，会计经历了一个由简单到复杂，由低级到高级的漫长发展过程。

会计学的诞生与近代会计的形成有着密切的关系。12～13世纪的欧洲，意大利的商品货币经济已比较发达，热那亚、威尼斯等城市已出现借贷复式簿记。早在1211年，意大利佛罗伦萨银行就已用借贷复式记账法记账，这种记账法被当时的人们称为“威尼斯簿记法”。1494年，意大利学者帕乔利出书立说，他在著作《算术、几何、比与比例概要》中详细介绍了这种记账法，并从学术理论方面加以阐明，为会计学的产生奠定了基础。这本书的问世，使科学的复式记账法得以广泛传播，并推动了会计的发展。因此，正式确定复式记账地位的1494年就被认为是近代会计的开始。

会计学是怎样诞生的

威尼斯簿记法

↓

1494年《算术、几何、比与比例概要》问世

↓

会计学诞生

专家点评

会计学是一门实践性很强的学科，从理论和方法两个方面为会计实践服务，是人们改进会计工作、完善会计系统的指南。

会计学的发展

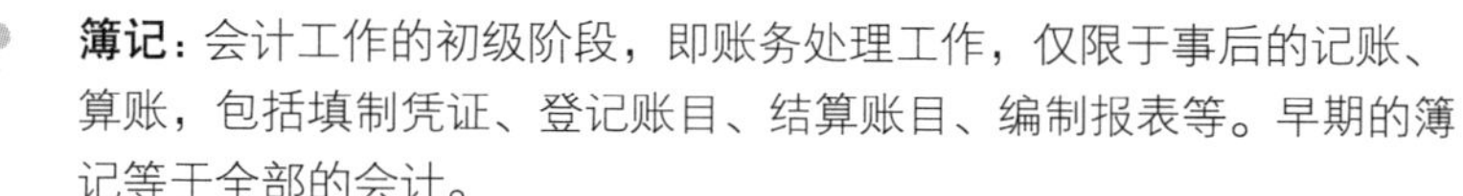

关键词：簿记

簿记：会计工作的初级阶段，即账务处理工作，仅限于事后的记账、算账，包括填制凭证、登记账目、结算账目、编制报表等。早期的簿记等于全部的会计。

15世纪末，会计学作为一门学科正式诞生。到18世纪60年代开始的产业革命为止，德国、英国和荷兰各国展开了对会计的介绍和研究，也出版了不少会计著作，人们在记账技术上有所改进，但都没有以帕乔利“簿记论”为依托。当时的会计理论主要应用于公司或个人间的借贷，建立账户体系。

经典示例

在西方国家，英文里的簿记和会计是有点区别的，簿记是在本子上记录，即记账的意思，而会计则是叙述理由，即说明这样记账的原因。俄文在20世纪30年代就已经有簿记和会计二词，30年代后出现簿记核算一词，而会计作为经济核算的一个组成部分，传到中国被翻译成簿记核算。20世纪50年代，因为当时把会计的作用局限于记账、算账的范围，中国会计与簿记混用。到20世纪80年代初，人们对会计职能作用的认识逐渐拓宽，便又逐渐恢复了簿记的概念，这时的簿记仅仅是指会计工作中对事后记账、算账那部分工作。

此后，产业革命促进了股份公司的兴起。会计就需要定期向股

东提供会计报表，说明企业的财务状况和经营成果。从此，会计不仅限于簿记，而是有了资产、负债与资本的计量，收益的确定，报表的编制、审查、分析和解释等新的内容。20世纪初，英国先后出版了L.R.狄克西的《高等会计学》、G.里斯尔的《会计学全书》等书，会计理论研究从局限于记账、算账的簿记向包括记账、算账、报账、查账的会计转变，现代会计学在这时初步建立。20世纪后，新的会计学分科相继出现，如会计表分析和成本会计学等。

会计学的发展

第一次产业革命期间，商业发展，记账技术上有所改进

产业革命后，会计不仅限于簿记，而是有了资产、负债与资本的计量，收益的确定，报表的编制、审查、分析和解释等新的内容

20世纪初，会计理论研究从局限于记账、算账的簿记向包括记账、算账、报账、查账的会计转变，现代会计学在这时初步建立

20世纪50年代，电子计算机引进会计领域，会计数据处理电算化成为大势所趋，同时，传统的企业会计学分化为财务会计与管理会计两门相对独立的学科

专家点评

20世纪50年代，社会经济的迅速发展也在会计领域引起了变革，在工业发达的西方国家，电子计算机已经引进会计领域，会计数据处理电算化成为大势所趋。

会计要素及其确认

关键词：会计要素

会计要素：又称会计对象要素、会计报表要素，是指会计对象是由哪些部分所构成的，是指按照交易或事项的经济特征所做的基本分类，是用于反映会计主体财务状况和经营成果的基本单位，也是会计核算对象的具体化。

我国《企业会计准则》中，将会计要素分为资产、负债、所有者权益（股东权益）、收入、费用（成本）和利润六个会计要素。其中，资产负债表要素由资产、负债和所有者权益三项会计要素组成，能反映企业财务状况；利润表要素由收入、费用和利润三项会计要素组成，能反映企业的生产经营成果。事业单位会计要素分为资产、负债、净资产、收入和支出五大类。

经典示例

通俗理解：会计核算和监督的内容就是会计对象。比如说妈妈给了小明5元零花钱，他花3元钱买了一支铅笔，还剩下2元钱。这就发生了一项经济业务，而会计主体是小明，如果按会计的方式帮他记账，那这个记账就是指的核算。如果妈妈给小明5元钱的用途是早已经定好了的，为了防止小明挪作他用，作为会计就要想措施避免小明乱花钱，即会计监督。所以，凡是能让会计核算和监督的经济业务就是会计对象。

资产是指企业过去的交易或者事项形成的、由企业拥有或者控制的、预期会给企业带来经济利益的资源。

负债是指企业过去的交易或者事项形

成的、预期会导致经济利益流出企业的现时义务。

所有者权益是指企业资产扣除负债后，由所有者享有的剩余权益。

收入是指企业在日常活动中形成的，会导致所有者权益增加的，与所有者投入资本无关的经济利益的总流入。

费用是指企业在日常活动中形成的，会导致所有者权益减少的，与向所有者分配利润无关的经济利益的总流出。

利润是指企业在一定会计期间的经营成果，包括收入减去费用后的余额、直接记录当期利润的利得和损失。

其中，资产、负债、所有者权益是最基本的会计要素。

会计要素分类

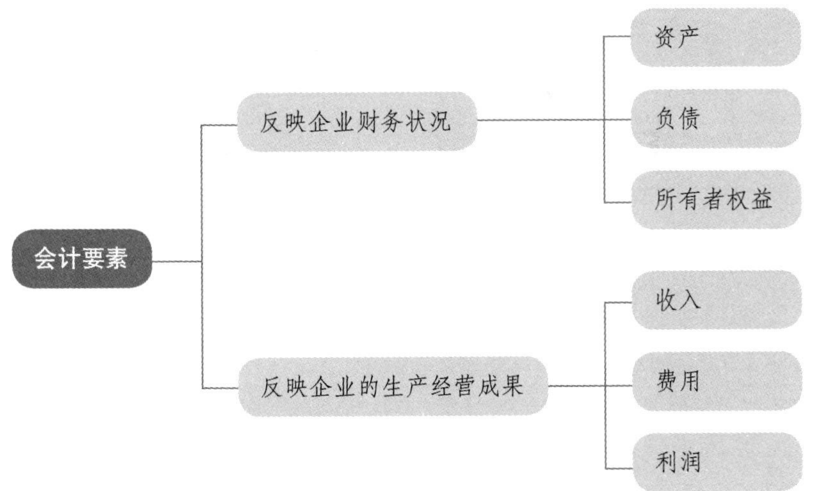

专家点评

会计要素定义的科学合理性，直接影响着会计实践质量的高低。合理划分会计要素，有利于清晰地反映产权关系和其他经济关系。

老板为什么必懂会计学

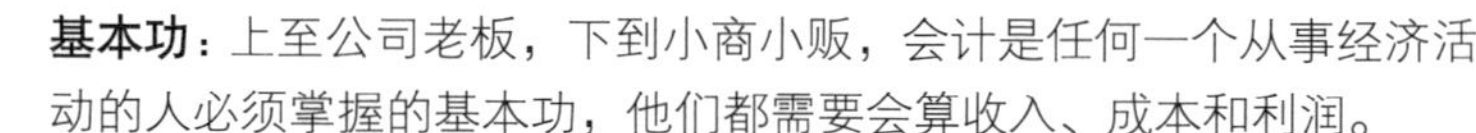

关键词：基本功

基本功：上至公司老板，下到小商小贩，会计是任何一个从事经济活动的人必须掌握的基本功，他们都需要会算收入、成本和利润。

我们置身于一个经济社会，这个社会基本可以说是用数字组成的，数字记录着我们的投入、收入、增长以及历史，但数字记录又有它自身的方法和体系，并不是所有人都看得懂这些数据，这也就意味着，会计记录着我们的经济社会，但很多的人特别是公司老板，看不懂这些数据。

经典示例

据对100个领导干部犯罪案件分析的一份统计资料显示，97.6%的领导干部属于财经犯罪；而其中81.3%的领导干部缺乏会计常识和基本会计素养，对犯罪存有侥幸心理，不知道通过审查会计账务能被揭露出来。

一个非经济学科专业的人，即便是博士也未必看得懂简单的记账。即使是公司老总中，能看懂财务报表的人也不多，他们对财务会计大都是“一问三不知”，似乎财务报表是专业人士才能懂的。

很多老板的表现就是，凡是涉及票、账、税的事一律问会计，会计说怎么做就怎么做，但会计也是人，也会“马有失蹄”的时候。

三不知就是，很多老板不知道最基础的会计法规和常识，不知道如何阅读会计报表，不知道会计如何处理企业所发生的业务。

这种现象在中小企业创业者中间普遍存在，由于缺少会计素养而触犯财经法规的人也大有人在。

作为老板，没必要非得精通会计业务，但一定要知道资金是怎么来的，还要知道它是怎么没的，至少自己心里有本账。了解点会计常识，懂点财务管理，企业的管理水平至少能更上一层楼。

老板对会计一问三不知

专家点评

某些不懂基本会计知识的老板，在处理某些经济业务时，让会计按自己的意思去做账，会计不能违背，结果就出了问题；又或者由于公司老总缺乏基本的票据常识，在签批支出时，不知道如何审查支出单据的合法性，结果出现了大量违法违规问题和经济犯罪案件。由此可见，老板必须懂得一点会计学。

学习会计，你只要这样就可以

关键词：学以致用

学以致用：学习会计，不但要学，更要用，把学习到的会计知识用在实践中，在实践中又进一步巩固知识，更好地理解知识。

俗话说得好："世上无难事，只怕有心人。"要想学习会计，首先就要做个有"心"人，做到以下几点：

耐心。阅读财务报表，关键并不在于数字，而在于数字要告诉人的东西是什么。数字能透露出来你想知道的事。财务报表上的每个数字就代表了一个线索，而阅读财务报表的人需要试着将各期财务报表上的数字加以比对与组合，可以找出公司现况的真相，这就需要耐心对待数字，加强自己与数字沟通对话的能力，以及从数字中寻找真相的能力，需要经常与财务报表中的数字进行对话。

经典示例

美国政府2001年财务报告称，由于会计失误，造成美国财政部丢失了173亿美元，美国政府的账簿没能实现收支平衡。主要原因是政府部门未能进行准确记录，各部门的记录标准不一，加上时间差别造成成本和收入差异。这是因为会计重大失误所引发的财政部丑闻。

细心。许多人很认真地去研读财报，但在实际做账与编制财务报表时，却经常因为多看一个零，或漏看了小数点，而发生极严重

的错误。学习会计，细心很重要，为了降低编制财报发生错误的概率，要有对每张会计原始凭证的数字单位与数字金额重复确认的好习惯，在填写财务数字时，还要养成每隔3位数加一个小空格的好习惯。这样可以大大提高学习会计与编制财报的效率。

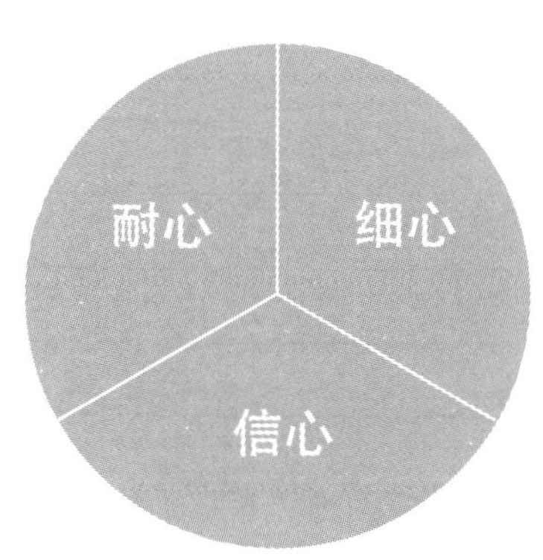

信心。绝大多数无法学好会计的人，是因为有对庞大数字的恐惧。简单地说，这就是信心问题，缺乏信心，对于哪一门专业学科，都没办法能够学得扎实，不管是不是会计。其实，只要放慢脚步去接触数字、阅读数字，自然而然就会慢慢开始接受这堆数字。这样就能够顺利踏出学好会计的第一步。

会计并不难学，只是需要一个渐进的过程，要打好基础，把每一个会计名词的概念要理解熟透，这关系到以后能否深入学习会计和熟用会计，但很多人就是基础概念没有理解透，这样在以后的经济业务中分不清类别，从而做不好分录，以致财务管理混乱。在学习的同时要做一些实践工作，在实践中去理解理论，融会贯通，在理解的基础上去掌握，并将工作当中发现的问题与课本上的理论相对应来解决。

专家点评

会计工作需要对数字敏感，账和实物一分不能差，这就需要会计从业者细心、耐心。

会计和账务

一个会计，在处理账务时，是否能做到会计科目精准使用，是否能做到合理避税，是判定他处理账务能力好坏的关键。

作为财务流程上的中间环节，账务处理让许多会计人员头疼不已，这不仅由于账务所涉及的各方利益及名目的纷繁复杂，也与会计人员的专业度及熟练度有关。所以人们都说，会计是个老来香的行业。但并非所有好会计都是老会计，只要学习科学的会计专业知识和技巧，那些看似繁杂难懂的账务就变得简单清楚了。

处理账务是会计的最基本职责

关键词：原始票据 会计科目

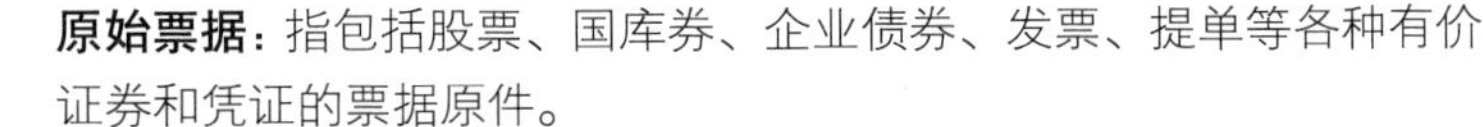

原始票据：指包括股票、国库券、企业债券、发票、提单等各种有价证券和凭证的票据原件。

会计科目：是账户的名称，是对会计要素具体内容进行进一步的分类核算的科目。它是设置账户、账务处理所遵循的规则和依据，是正确组织会计核算的一个重要条件。

处理账务，是每个会计必备的本领，也是会计最基本的职责。处理账务首先就要弄清楚借和贷，清楚后就像小学生知道了乘除法，为以后运算打下了基础。我们都知道“有借必有贷，借贷必相等”，但是很多人不知道怎么分辨借贷。

经典示例

某公司刚刚开业，老板汇入银行30000元，但这笔钱属于公司向老板个人的借款，公司增加了现金，但这笔钱是要还给老板的，应该计入“其他应付款”科目。因此会计在记录时，为

会计分录：

借：银行存款 30000

贷：其他应付款——××老板 30000

借和贷，也有增和减的意思，有时增加，有时减少。当然，要搞清楚借贷的关系，就要分清会计要素。熟悉了会计科目后，就要了解借和贷，应该做到看见原始票据就知道使用哪个科目、在哪个方向。

把资产和费用算一类，它们增加的时候用借表示，减少的时

候用贷表示。打个比方，现金是资产类科目，若增加了100元，就是借100元，再减少了80元，就是贷80元，这时候的余额就是借20元。因此，借是增加，贷是减少，余额就是两者的差。比如应交税费是负债类科目，贷表示增加了，借表示减少了。应交税金增加了，就是应该支付给税务局的税金增加了，支付后就叫减少了。因此欠税的时候记在贷方，交完税记在借方。

也就是说，做账时如果有增加项，就一定要有减少项，这样账才能做平。

还有一种比较容易理解的说法，就是左借右贷：

资产类的：借是增，贷是减；

成本与费用类：借是增，贷是减；

负债类和所有者权益类的：与资产类相反，借是减，贷是增；

收入，与成本费用相反：借是减，贷是增。

也就是说，凡是来源于本身的就算贷方，凡是由别处来的就算借方。

借和贷

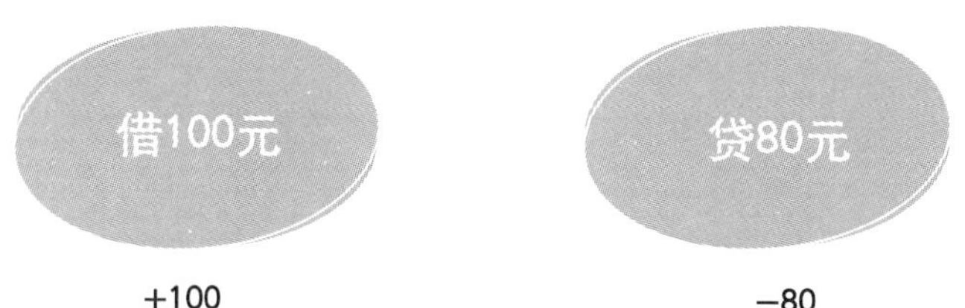

专家点评

每月月末和月初是会计最为忙碌、最为重要的时间，整个公司或部门财务情况的归集、编制报表和纳税申报，一个月的工作结果都要在这几天进行。越是忙乱的时候，越容易出现差错，因此会计应将每月的工作进行归类，有条不紊地完成。

原始凭证是什么

关键词：会计凭证 原始凭证

会计凭证：是用来记录经济业务事项发生或完成情况，明确经济责任的书面证明，也是登记账簿的依据。按编制的程序和用途不同，它分为原始凭证和记账凭证。

原始凭证：是在经济业务发生或完成时取得或填制的，用以记录或证明经济业务的发生或完成情况，明确经济责任的一种原始书面证明。

原始凭证是编制记账凭证和登记账簿的原始依据，是进行会计核算的原始资料和重要依据，也是会计资料中最具有法律效力的一种证明文件。

原始凭证的基本内容包括：

1.原始凭证名称；

2.填制原始凭证的日期；

经典示例

20××年×月××日，查账人员在审阅北京市某电器公司6月份的原始凭证时，发现一张借支单有疑点。这是一张业务科张某的差旅费借支单，金额11 650元人民币。正常的出差当然花不了这么多差旅费；人民币小写金额前没有按规定书写货币符号“￥”；人民币大写金额为“壹万壹仟六百五十元整”而小写金额为11 658元，金额不符；再加上小写金额前的“1”字比较粗大，大写金额前的“壹万”这两个字的字体也与后面的字体不同。结合小写金额前没有按规定书写货币符号“￥”来分析，“1”和“壹万”这两个数字是后来添加上去，贪污企业资金的可能性比较大。

3.接受原始凭证的单位名称；
4.经济业务内容（含数量、单价、金额等）；
5.填制单位签章；
6.有关人员签章；
7.凭证附件。

原始凭证的基本内容

原始凭证的基本内容
- 原始凭证名称
- 填制原始凭证的日期
- 接受原始凭证的单位名称
- 经济业务内容（含数量、单价、金额等）
- 填制单位签章
- 有关人员签章
- 凭证附件

注意：a.从外单位取得的原始凭证必须有公章。b.从个人取得的必须有个人签名或盖章。c.自制凭证必须有领导人或其指定的人员签名或盖章。d.职工出差借的款项注意区分“借款收据”和“收回借款的收据”。e.如原始凭证有错误的，应重开或更正，并在更正处盖章；但金额错误的必须重开。

专家点评

当原始凭证遗失或破损严重无法辨认时，应当找到开具发票方，向其申请取得出具单位或个人盖有公章或签名的证明（注明原始凭证的号码、金额和内容等），或要求开具发票方提供所丢失发票的存根联或记账联复印件代作原始凭证，经主管税务机关审核后作为合法凭证入账，一律不得要求开票方重复开具发票。

原始凭证的填制和审核

****

关键词：原始凭证的审核内容

原始凭证的审核内容：要保证其真实性、合法性、合理性、完整性、正确性、及时性。

经典示例

小陈是某电脑公司的一名会计，每天需要处理业务部交来的销售单登记及入账。有一次，业务员交上来的公司自制发票上的金额有过涂改，但小陈当时没放在心上，照样入账。结果当月交财务部报账时，这张发票作为无效凭证被退回，小陈又要找到业务部的那位同事重新索要有效凭证，给工作带来很大的麻烦。

会计在填制原始凭证时必须遵守下列规范：

记录要真实。原始凭证所填列的经济业务内容和数字要真实可靠，符合实际情况。

内容要完整。填列齐全原始凭证所要求填列的项目，不得遗漏和省略。

手续要完备。单位自制的原始凭证必须有经办单位领导人或者其他指定的人员签名盖章；对外开出的原始凭证必须加盖本单位公章；从外部取得的原始凭证，必须盖有填制单位的公章；从个人取得的原始凭证，必须有填制人员的签名盖章。

书写要清楚、规范。填写原始凭证要文字简要，字迹清楚，易于辨认，大小写金额必须相符且填写规范，小写金额用阿拉伯数字逐个书写，不得写连笔字。在金额前要填写人民币符号“￥”。

编号要连续。如果原始凭证已预先印定编号，写坏作废的凭证应加盖“作废”戳记，妥善保管，不得撕毁。

不得涂改、刮擦、挖补。原始凭证有错误的，应当由出具单位重开或更正，更正处应当加盖出具单位印章。原始凭证金额有错误的，应当由出具单位重开，不得在原始凭证上更正。

填制要及时。各种原始凭证一定要及时填写，并按规定的程序及时送交会计机构、会计人员进行审核。

审核结果无误的，要及时编制记账凭证；如审核发现其不正确、不完整的，应退回补充、更正；审核发现其不真实、不合法的，则不予接受，并向单位负责人报告。

原始凭证的填制

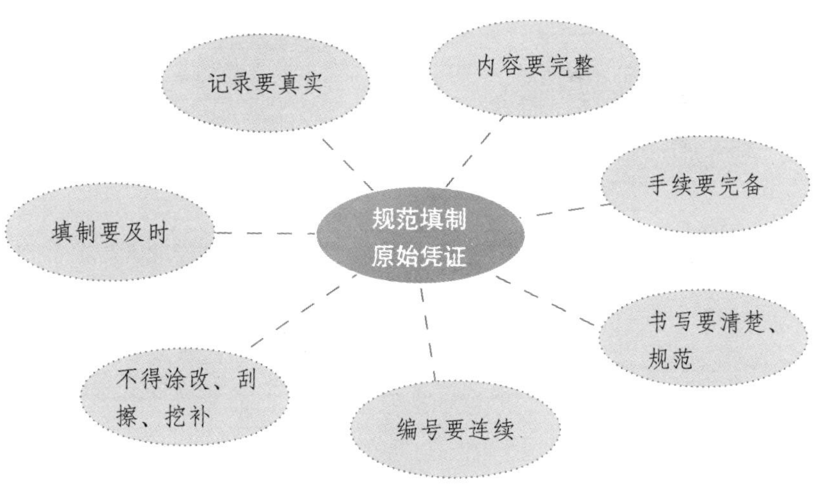

原始凭证是一切财务活动的源头，因此，保证原始凭证的真实有效，是守住财务信息失真的第一关口。

记账凭证是什么

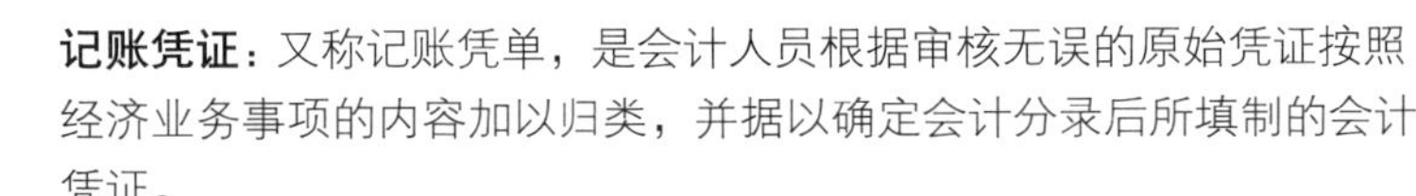

关键词：记账凭证

记账凭证：又称记账凭单，是会计人员根据审核无误的原始凭证按照经济业务事项的内容加以归类，并据以确定会计分录后所填制的会计凭证。

记账凭证按内容分为收款凭证、付款凭证和转账凭证。收款凭证是指用于记录现金和银行存款收款业务的会计凭证。付款凭证是指用于记录现金和银行存款付款业务的会计凭证。转账凭证是指用于记录不涉及现金和银行存款业务的会计凭证。

经典示例

某企业20××年6月份共有305笔销售产品的现金收入，总价值为457 500元，其中相同的现金销货发票就多达80张，1 200元一张，会计人员在汇总收入时，少加了3张，使记账凭证上的现金收入少了3 600元，成为453 900元。到月末，出纳人员清点现金时发现当月多出无凭现金3 600元，于是便将这部分多出来的款项放进了自己腰包。

按照填列方式分为复式凭证和单式凭证。复式凭证是指将每一笔经济业务事项所涉及的全部会计科目及其发生额均在同一张记账凭证中反映的一种凭证。单式凭证是指每一张记账凭证只填列经济业务事项所涉及的一个会计科目及其金额的记账凭证。填列借方科目的称为借项凭证，填列贷方科目的称为贷项凭证。

其基本内容为：

1.记账凭证的名称；

2.填制记账凭证的日期；

3.记账凭证的编号；

4.经济业务事项的内容摘要；

5.经济业务事项所涉及的会计科目及其记账方向；

6.经济业务事项的金额；

7.记账标记；

8.所附原始凭证张数；

9.会计主管、记账、审核、出纳、制单等有关人员签章。

记账凭证分类

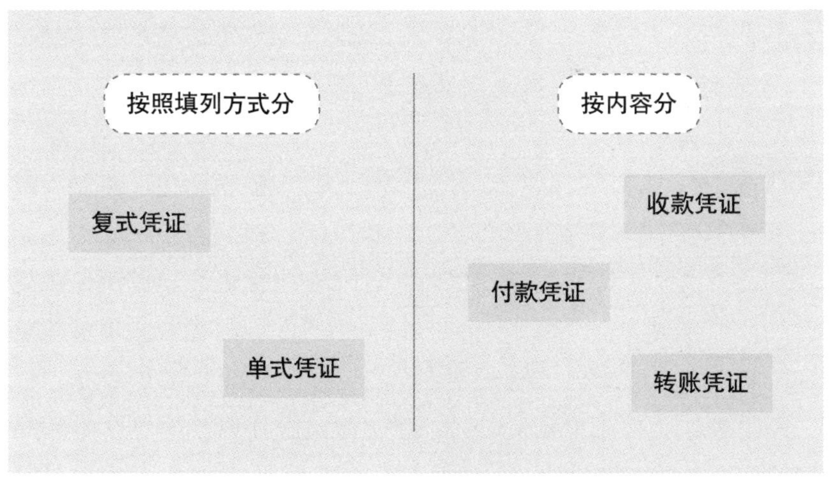

专家点评

记账凭证是登记账簿的直接依据。

记账凭证的填制和审核

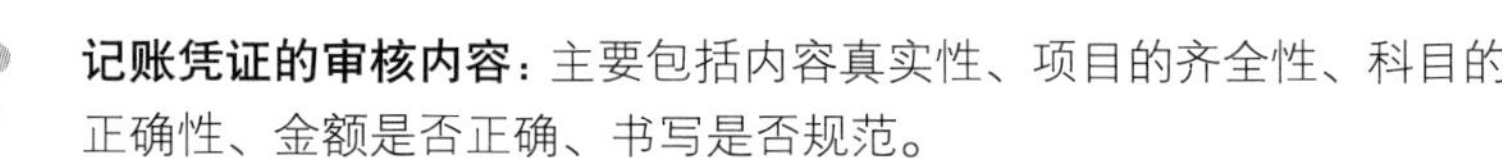

关键词：记账凭证的审核内容

记账凭证的审核内容：主要包括内容真实性、项目的齐全性、科目的正确性、金额是否正确、书写是否规范。

和原始凭证差不多，会计填制记账凭证的要求也十分严格：

1.各项内容填写必须完整。

2.记账凭证应连续编号。如果是一笔需要填制两张以上记账凭证的经济业务，可以采用分数编号法编号。

3.书写应清楚、规范。相关要求与原始凭证相同。

可以根据每一张原始凭证填制，或根据若干张同类原始凭证汇总编制记账凭证，也可以根据原始凭证汇总表填制；但不同内容和类别的原始凭证汇总不能填制在一张记账凭证上。

除了结账和更正错误的记账凭证，其他记账凭证必须附有

经典示例

税务机关对某企业的年终审查时，发现该企业编制了一张12月31日的记账凭证，其内容为：

借：应收账款——××单位

贷：主营业务收入

审查后发现，该记账凭证后未附任何原始凭证，见年底亦未结转产品销售成本，经检查，发现该企业第二年年初即用红字将此笔分录冲销，可以断定，该企业此项账务处理是编造的虚假记账凭证，虚构经济业务，虚增产品销售收入的偷逃税金的行为。

原始凭证。

填错的记账凭证，应当重新填制。在当年内发现已登记入账的记账凭证填写错误时，可以用红字用原内容重新填写一张，并在摘要栏注明“注销某月某日某号凭证”字样，同时再用蓝字重新填制一张正确的记账凭证，注明“订正某月某日某号凭证”字样。如果只是金额错误，会计科目没写错，另编一张调整的记账凭证补上差额即可，调增金额用蓝字，调减金额用红字。发现以前年度记账凭证有错误的，应当用蓝字填制一张更正的记账凭证。

记账凭证填制完经济业务事项后，如有空行，应当自金额栏最后一笔金额数字下的空行处至合计数上的空行处划线注销。

填错记账凭证怎么办

填错记账凭证

当年内发现

用红字用原内容重新填写一张，并在摘要栏注明“注销某月某日某号凭证”字样

再用蓝字重新填制一张正确的记账凭证，注明“订正某月某日某号凭证”字样

发现以前的

用蓝字填制一张更正的记账凭证

补充：如果只是金额错误，会计科目没写错，另编一张调整的记账凭证补上差额即可，调增金额用蓝字，调减金额用红字。

专家点评

办理完收款或付款业务后，应在凭证上加盖“收讫”或“付讫”的戳记，以避免重收重付。

会计凭证装订

关键词：装订

装订：把单据、票据等整理配套，订成册本。

为了防止会计凭证散失，会计应定期将会计凭证装订成册。装订的范围包括原始凭证、记账凭证、科目汇总表、银行对账单等。科目汇总表的工作底稿也可作为科目汇总表的附件装订在内。用电脑记账的企业，还应将转账凭证清单等装订在内。在会计凭证封面，应注明单位名称、凭证种类、凭证张数、起止号数、年度、月份、会计主管人员、装订人员等有关事项，并附上会计主管人员和保管人员的签章，加贴封条，防止抽换凭证。

经典示例

浙江某实业工厂的会计焦某在年底结账的时候，由于疏忽，在装订会计凭证的时候漏掉了几张。为了逃避责任，焦某凭记忆伪造、编造了“借款”收据，但数额有差异，厂方将这笔“借款”返还给销售商，金额达23万元。时隔8年之后，实业工厂才在一次账务清查中查出真相。

既然会计凭证的装订如此重要，那么在装订前怎样进行排序、粘贴和折叠呢？

装订前先将凭证进行整理，即对凭证进行排序、粘贴和折叠。

如原始凭证的纸张面积大于记账凭证，可按记账凭证的面积尺寸，先自右向后，再自下向后两次折叠。注意让出凭证的左上角或

左侧面，方便装订后展开查阅。如原始凭证的纸张面积比记账凭证略小，可以用回形针或大头针别在记账凭证后面，待装订凭证时，抽去回形针或大头针。对于纸张面积过小的原始凭证，可先按一定次序和类别排列，再以胶水粘在一张同记账凭证大小相同的白纸上，分张排列小票，且尽量将同类同金额的单据粘在一起，同时，在一旁注明张数和合计金额。

整理后的会计凭证，汇总装订起来更容易。会计凭证汇总装订好后就要加具封面。因此会计凭证装订前，要先设计和选择会计凭证的封面，以较为结实、耐磨、韧性较强的牛皮纸等为宜。

会计凭证在装订前怎样进行排序、粘贴和折叠

整理会计凭证（对凭证进行排序、粘贴和折叠）

如原始凭证的纸张面积大于记账凭证，可按记账凭证的面积尺寸进行折叠。注意让出凭证的左上角或左侧面，方便装订后展开查阅

如原始凭证的纸张面积比记账凭证略小，可以用回形针或大头针别在记账凭证后面。对于纸张面积过小的原始凭证，可先按一定次序和类别排列粘贴在记账凭证大小的白纸上

加具封面（设计和选择会计凭证的封面，以较为结实、耐磨、韧性较强的牛皮纸等为宜）

专家点评

原始凭证附在记账凭证后的顺序不能按原始凭证的面积大小来排序，而应与记账凭证所记载的内容顺序一致。

会计凭证的传递和保管

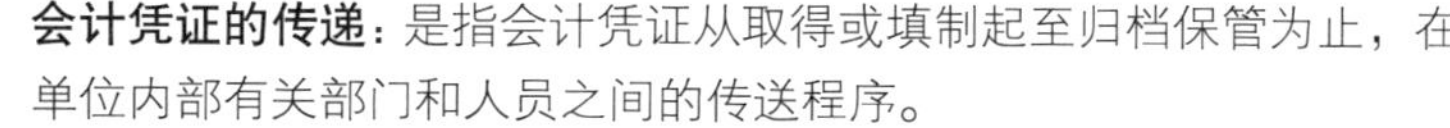

关键词：会计凭证的传递 会计凭证的保管

会计凭证的传递：是指会计凭证从取得或填制起至归档保管为止，在单位内部有关部门和人员之间的传送程序。

会计凭证的保管：是指记账后的会计凭证的整理、装订、归档和存查工作。

会计凭证的传递要合理有效，能够满足内部控制制度的要求，且节约传递时间，减少传递的工作量。根据每家公司的具体情况不同，应制定每一种凭证的传递程序和方法。

经典示例

2019 年 9 月，上海某财会公司陈某因工作中与领导有矛盾，将她负责做账的客户——上海某咨询有限公司寄来的原始会计凭证撕毁，给公司带来经济损失 2.8 万元。公司将陈某告上法庭，最后庭外和解，由财会公司支付陈某数月工资差额 396.92 元，而陈某需赔偿财会公司损失的 2.8 万元。

会计凭证的保管主要有下列要求：

1. 为了防止散失，会计凭证应定期装订成册。若从外来单位取得的原始凭证遗失，应取得原签发单位注明原始凭证的号码、金额、内容等，且盖有公章的证明，且有经办单位会计机构负责人、会计主管人员和单位负责人的批准，才能代作原始凭证。若确实无法取得证明的，如丢失的车票，则应由当事人写明详细情况，由经办单位会计机构负责人、会计主管人员和单位负责人批准后，代作原始凭证。

2.会计凭证封面应注明有关事项，如单位名称、凭证种类、凭证张数、起止号数、年度、月份、会计主管人员、装订人员等，并有会计主管人员和保管人员签章。

3.加贴封条，防止抽换会计凭证。原始凭证不得外借，如有特殊情况，其他单位确实需要使用，可在本单位会计机构负责人、会计主管人员批准后复制，但应在专设的登记簿上登记，并由提供人员和收取人员共同签名、盖章。

4.若原始凭证较多较大，可单独装订，但应在封面注明其所属记账凭证的日期、编号和种类，同时在所属的记账凭证上应注明“附件另订”及原始凭证的名称和编号，以便查阅。

5.严格按照期限要求保管会计凭证，期满前不得任意销毁。

会计凭证的保管

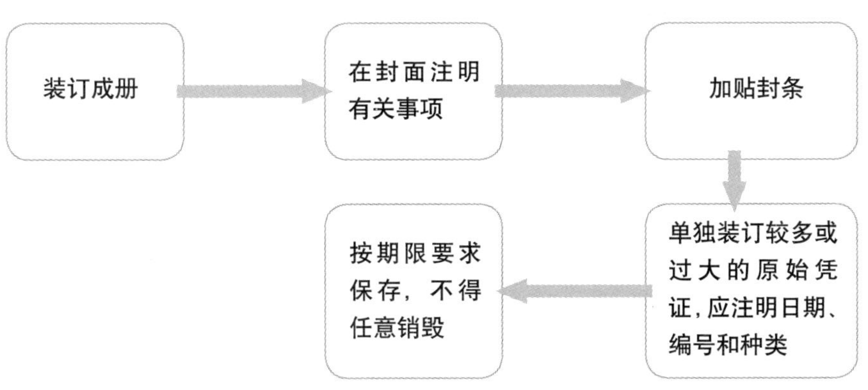

专家点评

在公司内，科学的传递程序能使会计凭证沿着最迅速、最合理的流向运行。

会计等式

关键词：会计等式

会计等式：也称会计平衡公式，或会计方程式，它是利用数学公式对各会计要素的内在经济关系所做的概括表达，是反映各会计要素数量关系的等式。它是复式记账、试算平衡和编制会计报表的理论依据，提示了各会计要素之间的联系。

会计等式包括：

1.资产=权益

有多少数额的资产，就有多少数额的权益，反之，有多少数额的权益，就有多少数额的资产。

或资产＝负债＋所有者权益

这个等式反映的是资产负债表要素之间的数量关系，又称之为资产负债表等式。它反映企业在某一特定日期财务状况的会计等式，是由静态会计要素（资产、负债和所有者权益）组合而成。

经典示例

某公司2019年10月初资产总额为300万元，负债100万元，即所有者权益200万元。10月份，公司资产增加100万元，负债减少80万元，在其他因素忽略不计的情况下，则该公司10月末权益将增加180万元，即380万元。

上述会计等式，说明了资产、负债和所有者权益三大会计要素的内在关系，是设置账户、复式记账、试算平衡和编制资产负债表的理论依据。

有时资产负债表等式也表述为：

资产－负债=所有者权益

可以说，资产和权益（包括所有者权益和债权人权益）实际是企业所拥有的经济资源在同一时点上所表现的不同形式。

2.收入－费用＝利润

这个等式反映的是要素之间的数量关系，即收入、费用与利润的关系，又称利润表等式。它是编制利润表的理论依据。反映企业在一定会计期间经营成果的会计等式，是由动态会计要素（收入、费用和利润）组合而成。

会计等式

资产＝负债＋所有者权益
（编制资产负债表的基础）

收入－费用＝利润
（编制利润表的基础）

注意：商务印书馆《英汉证券投资词典》中会计等式的英语为“accounting equation”。即在会计记账过程中资产和负债之间的等恒关系，如公司资产减去负债等于股东权益。

专家点评

企业在经营过程中所发生的经济业务是多种多样的，都会对企业资产与权益产生影响，引起资产和权益的至少两个项目发生增减变动，变动额是相等的。有时是资产与权益同增或同减，有时是资产或权益一方此增彼减。因此，无论企业发生任何经济业务都不会破坏会计基本等式的平衡关系。

会计核算

关键词：核算 会计期间

核算：以货币为计量单位，对企业一段时间财务报表进行清查的过程。
会计期间：将一个持续经营的企业分成几个连续、相等的期间进行会计结算，以及编制财务报告期，以实现及时向税务局和企业相关者反映企业经营变动信息。

会计核算就是以货币作为计量单位，对企业一段时期的经营活动完整、准确、真实地记录并编制财务报告，及时反映企业的财务状况和经营成果。例如企业在一个会计期间内，整个经营活动过程中生产了多少产品，销售了多少，用了多少成本，收入多少等，通过记账、算账、报账等过程最终以报表的形式表达出来。

经典示例

没有核算的国家工程

颐和园是我国的骄傲之一，修建于晚清时期，是当时不折不扣的国家工程。然而基于政治原因和当时中国的会计学落后，这个耗资 1 200 万的工程在账务上没有会计核查程序，所以也就一塌糊涂，给了无数的贪官污吏上下其手的机会。今天再翻开账目，我们能发现一些啼笑皆非的事情，工人的工资每天是 2 两 6 钱，一个鸡蛋是 4 钱，折合成人民币，那就是农民工一天挣了 780 多元，而鸡蛋则价值 120 元一个。

假如有会计核查，很显然，就算是贪污，或者说从顶层到基层的全流程贪污，也不可能会出现这么荒唐的账务。

《中华人民共和国会计法》规定："各单位的会计核算应当以实际发生的经济业务为依据，按照规定的会计处理方法进行，保证会计指标的口径一致、相互可比和会计处理方法的前后各期相一致。"从法律高度上明确了会计核算的重要性和基本要求。具体来说就是要求会计核算的真实性与客观性、合法性、一致性：根据企业实际发生的经济业务，并且取得有效会计凭据，作为会计核算依据；依据法律规定进行核算；要求不同时期发生的经济业务的会计处理方法必须前后一致。

会计进行核算工作时，需具备一定的前提即确认会计核算对象后，假定其计算的时间和空间环境，从而确定会计方法和会计数据的依据。

会计核算的流程

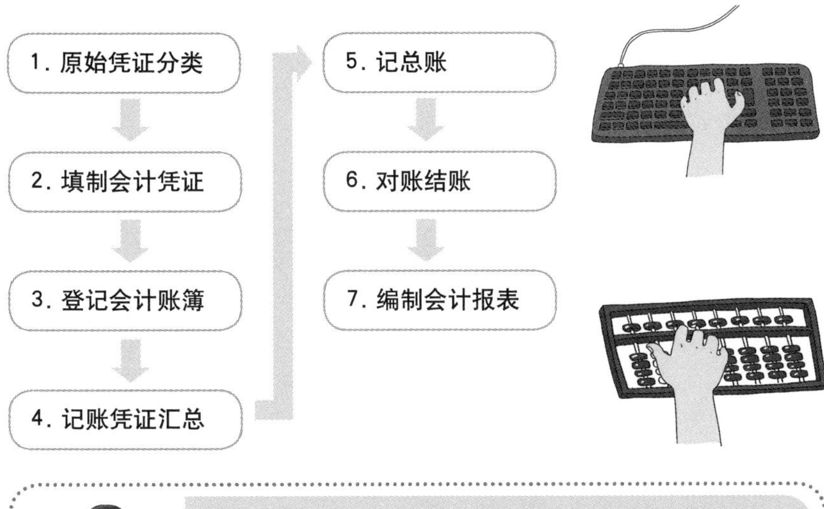

专家点评

会计核算不仅仅是外部机关的查账，而且也是内部的自检，很多时候，核算结果能看出一些不可思议的问题。

设置会计科目

关键词：设置会计科目 会计科目设置原则

设置会计科目：就是根据会计对象的具体内容和经济管理的要求，事先规定分类核算的项目或标志的一种专门方法。

会计科目设置原则：包括合法性原则、相关性原则和实用性原则。

按会计要素，会计科目分为资产、负债、所有者权益、成本、损益；按详细程度的不同分为总分类科目（提供总括信息）和明细分类科目（二级、三级）。前者对后者进行总括分类，提供总括信息的会计科目，后者为前者作进一步分类、提供更详细、更具体的信息。

经典示例

企业用资本公积转增实收资本 7 580 元，这个有两个引起变动的账户是：资本公积和实收资本，在性质上，二者均为所有者权益类账户，属于资金来源类。同类性质的账户发生变动时都是一增一减，其中实收资本必是增加，资本公积必为减少，实收资本的增加是所有者权益的增加要贷记，资本公积的减少是所有者权益的减少要借记。因此会计记录如下：

企业用资本公积转增实收资本 7 580 元。

对应科目：资本公积、实收资本

账户性质：所有者权益、所有者权益

增减情况：减少、增加

记账方向：借、贷

会计分录：借：资本公积 7 580

贷：实收资本 7 580

会计科目是复式记账的基础及编制记账凭证的基础，它为成本核算及财产清查提供了前提条件，也为编制会计报表提供了方便。因此，设置会计科目尤其具有特殊的意义。

会计科目设置原则分为三点：合法性、相关性和实用性。合法性：指所设置的会计科目应当符合国家统一的会计制度的规定。相关性：指所设置的会计科目应为提供有关各方所需要的会计信息服务，满足对外报告与对内管理的要求。实用性：指所设置的会计科目应符合单位自身特点，满足单位实际需要。

会计科目分类

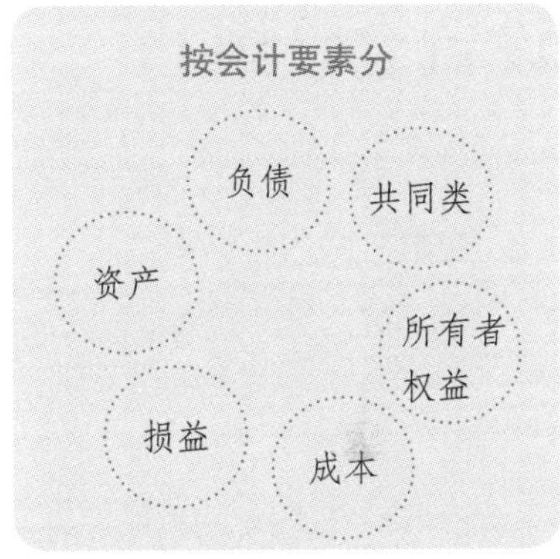

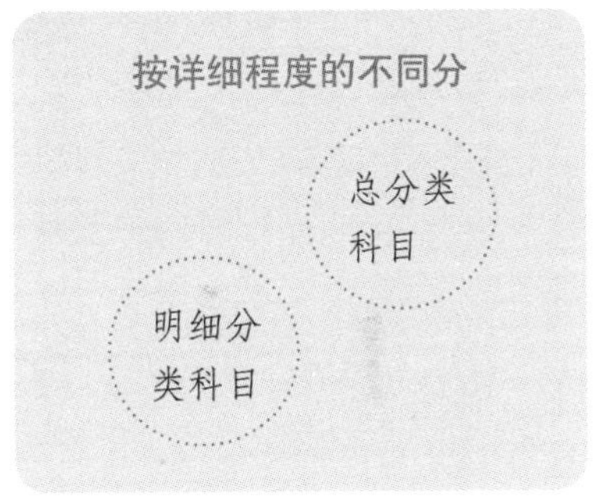

专家点评

会计科目是会计人员向投资者、债权人、企业经营管理者等提供会计信息的重要手段，因此在其设置过程中应努力做到科学、合理、适用。

设置会计账户

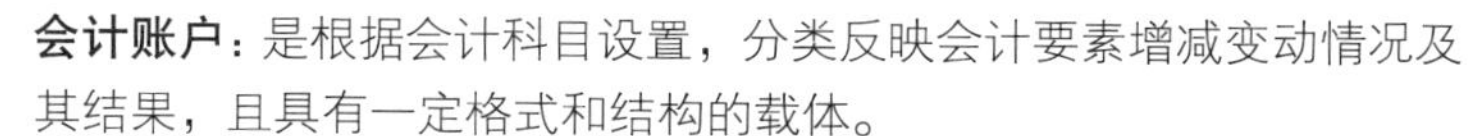

关键词：会计账户

会计账户：是根据会计科目设置，分类反映会计要素增减变动情况及其结果，且具有一定格式和结构的载体。

设置账户是会计核算的重要方法之一。开设和运用账户，在分类的基础上借助于具体的形式和方法，可以全面、系统地记录和反映各项经济业务所引起的资产变动情况。

记账规则之歌

借增贷减是资产，权益和它正相反。
成本资产总相同，细细记牢莫弄乱。
损益账户要分辨，费用收入不一般。
收入增加贷方看，减少借方来结转。

会计账户是一种记账实体，是对各种经济业务进行分类和系统、连续的记录，能反映资产、负债和所有者权益增减变动。会计科目与账户的名称一致，前者规定的核算内容就是后者应记录反映的经济内容，也是设置账户的依据。账户是科目的具体运用。如企业要开设资产类账户、负债类账户、所有者权益类账户、成本类账户和损益类账户；为了分类、归集、总括和具体、详细地核算数据，还要根据总分类科目、二级科目和明细分类科目开设相应的账户。

账户和科目不同之处在于，科目没有结构，而账户有格式和结构。当然，在实际的会计工作中，两者不必严格区分。

按性质、核算内容、用途和结构可以将账户归类。账户分类主要有按经济内容分类、按用途和结构分类两种。其中，按经济内容分类又是账户分类的基础。

会计科目的设置都具有一定格式，主要是用来记录经济业务的工具之一。例如，根据总分类科目设置的账户称为总分类账户或简称总账；根据明细分类科目设置的账户称为明细分类账户或简称明细账。

账户与科目的联系与区别

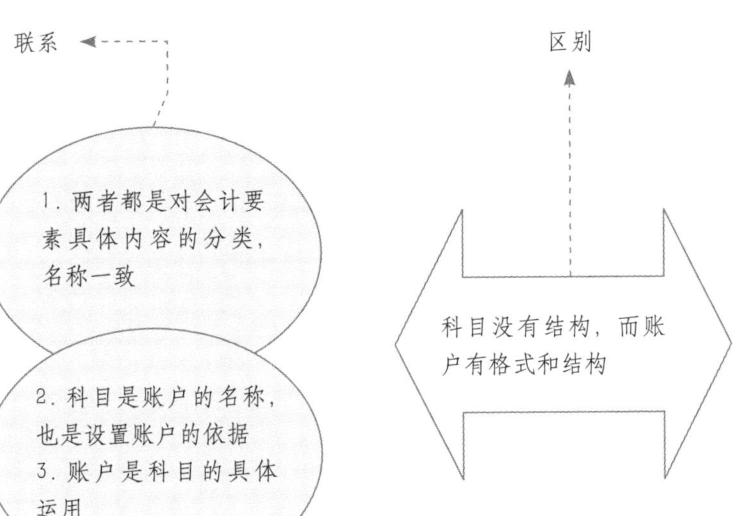

专家点评

想要正确地设置和运用账户，就需要先从理论上了解和认识各个账户的核算对象、具体结构和用途，以及其在整个账户体系中的地位和作用，并掌握它们在提供核算指标方面的规律性，这是将账户进行分类的意义。

复式记账的意义

关键词：单式记账法 复式记账法

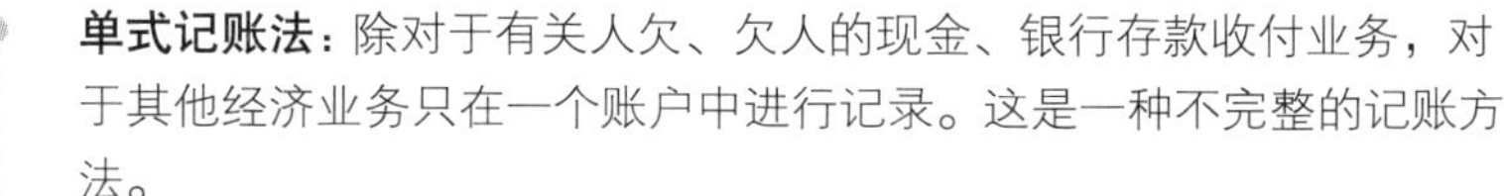

单式记账法：除对于有关人欠、欠人的现金、银行存款收付业务，对于其他经济业务只在一个账户中进行记录。这是一种不完整的记账方法。

复式记账法：就是在每一经济业务发生后，以资产与权益平衡关系作为记账基础，对于每笔经济业务，都要以相等的金额在两个或两个以上相互联系的账户中记录资金增减变化的一种记账方法。

在中世纪的意大利商业城市（如威尼斯、热那亚等城市），复式记账法从13世纪初开始萌芽到15世纪末接近于完备形式，大约经历了300年。这一演变过程大体上分为三个发展阶段。

经典示例

我国预算会计曾经长期采用收付记账法，自1998年起预算会计才全部改为借贷记账法。

佛罗伦萨式——复式簿记的萌芽阶段（1211～1340年），以1211年佛罗伦萨银行家采用的簿记（目前保存的意大利最古老的会计账簿）为代表。其主要特点是：记账方法为转账；记账对象仅限于债权债务人（人名账户）；记录形式是叙述式（借贷上下连续登记）。

热那亚式——复式簿记的改良阶段（1340～1494年），以1340年热那亚市政厅的总账（会计界公认的世界上最早的一册明

显具备复式记账所有特征的会计记录）为代表。其主要特点是：记账方法为复式；记账对象除债权债务（人名账户）外，还包括商品、现金（物名账户）；记录形式是左借右贷账户对照式（两侧型账户）。

威尼斯式——复式簿记的完备阶段（1494～1854年），以1494年卢卡·帕乔利的《算术、几何、比与比例概要》一书的正式出版为代表。至1854年，爱丁堡注册会计师协会的出现，会计正式成为一门独立的职业。其主要特点是：记账方法为复式；记账对象除债权、债务、现金（人名账户与物名账户）外，还包括了损益与资本（损益账户与资本账户）；记录形式为账户式。

记账法的演变和分类

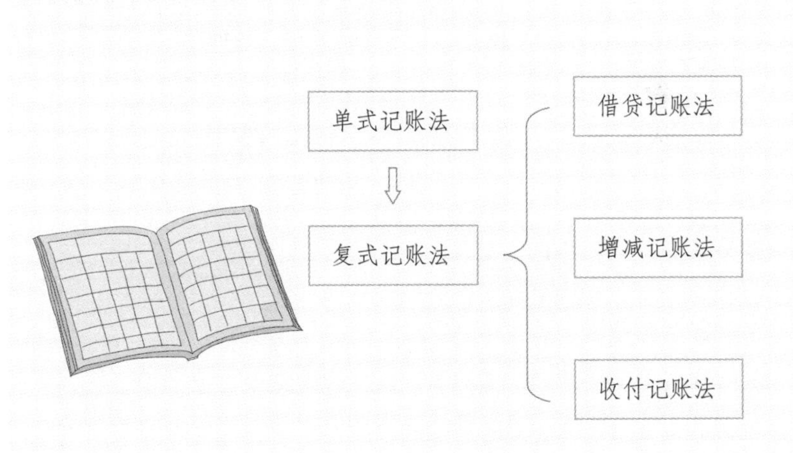

专家点评

《马可·波罗游记》就有威尼斯商人用复式记账法记账并设置陷阱的记载。

借贷记账法

关键词：借贷记账法 会计分录

借贷记账法：是记录经济业务的，以“借”“贷”为记账符号的一种复式记账法，通常又全称为借贷复式记账法。

会计分录：是对每项经济业务指出其应登记的账户、方向和金额的一种记录。

借贷记账法以“资产＝负债＋所有者权益”为理论依据，借方表示资产的增加或者负债和所有者权益的减少；贷方表示与借方相反。对于每一项经济业务的记录，都按照相等的金额同时记入一个或多个账户的借方和一个或多个账户的贷方。

经典示例

借贷记账法起源于13~14世纪的意大利。最初“借”“贷”两字，是记账的意思，反映的是“债权”和“债务”的关系。随着商品经济的发展，以及借贷记账法的不断发展和完善，“借”“贷”两字逐渐失去其本来含义，变成了纯粹的记账符号。后来，借贷记账法因1494年问世的《算术、几何、比与比例概要》一书而正式成为大家公认的复式记账法。

它对账户不要求固定分类。账户的设置基本上可分为资产（包括费用）类和负债及所有者权益（包括收入）类两大类别。

资产类账户的借方登记增加额，贷方是减少额，一般为借方余额（账户余额一般在增加方，下同）。

资产类账户的期末余额公式为：

期末借方余额=期初借方余额+本期借方发生额-本期贷方发生额。

负债及所有者权益类账户则相反，贷方是增加方，借方是减少方，一般为贷方余额。

负债及所有者权益类账户的期末余额公式为：

期末贷方余额=期初贷方余额+本期贷方发生额-本期借方发生额。

由于这种记账法里，一个账户的借贷会引起其他一个或多个账户的变动，这就构成一个对应关系。要清晰地反映这种对应关系，防止记录的差错，就要在每项经济业务登入账户之前先编制会计分录。

什么是借贷记账法

借贷记账法

- 资产类账户 —— 期末余额公式：期末借方余额＝期初借方余额＋本期借方发生额－本期贷方发生额
- 负债及所有者权益类账户 —— 期末余额公式为：期末贷方余额＝期初贷方余额＋本期贷方发生额－本期借方发生额

专家点评

借贷记账法的记账规则是“有借必有贷，借贷必相等”。

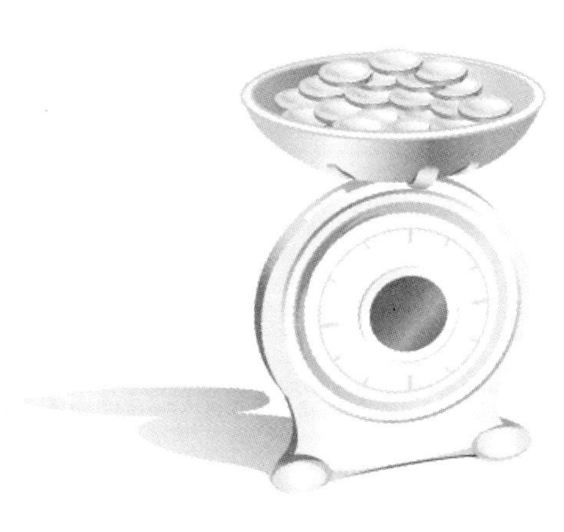

账簿基础

账簿是企业或单位在经济活动中所形成的重要的会计档案和历史资料。账簿分哪些种类？建账时如何选择账簿？账簿包括哪些内容，如何启用和更换？怎样按规格填写？怎样装订更方便资料的查找和运用？这些都是会计人员在实际的工作中会遇到的问题，也是一个专业的会计与业余会计的区别之处。

科学合理地使用账簿，是会计人员处理账务的基础。

建账时账簿的选用

****

关键词：账簿

账簿：是一种记录经济业务发生情况的簿籍。由于现代企业经济业务复杂，需要反映的经济信息很多，企业设置的账簿一般有几本到几十本不等。

经典示例

20×× 年 12 月，某市一家公司总经理李某收到了一条短信，对方称可出售伪造发票。于是李某以 300 元的价钱从对方手中买了面额 85 万元的假发票。李某贷款，用这些假发票给公司做假账，后李某因此而被取保候审。

不同类型的公司，所需用的账簿也不相同。从其作用，账簿可分为序时账簿、分类账簿、序时与分类相结合的联合账簿、备查账簿四类。序时账簿有现金、银行存款日记账和转账日记账三种；分类账簿分为总分类账簿和明细分类账簿；联合账簿指既序时记录又分类记录，既是日记账又是总账的账簿，如日记总账；备查账簿是记录非本企业资产或其他重要事项的账簿。

从外表形式来看，会计账簿分为订本式、活页式、卡片式三种。订本式账簿可防止账面散失和随意抽换；活页式账簿可根据经济业务的变化随时增添账页或抽取多余的空白账页，避免浪费；卡片式账簿也拥有活页式账簿的优点，缺点是容易散失，必须严加管理。

企业对账簿格式的要求和账簿的使用受很多因素影响，如企业规模大小、经济业务的繁简、会计人员的分工等。但是，为了加强货币资金的管理，现金和银行存款日记账的序时账簿，要分为收入日记账和支出日记账两本；至于分类账簿，则是要设计一本总分类账簿和多本明细分类账簿；而在采用日记总账核算形式时，则只设计一本日记总账账簿和明细分类账簿。

不同情况下账簿的选择

单位特点	应采用的核算形式	可设置的账簿体系
小规模企业（小规模纳税人）	记账凭证核算形式	现金、银行存款日记账；固定资产、材料、费用、明细账；总账
	日记总账核算形式	序时账同上；日记总账；固定资产、材料明细账
大中型企业单位（一般纳税人）	科目汇总表核算形式，汇总记账凭证核算形式	序时账同上；固定资产、材料、应收（付）账款、其他应收（付）款、长期投资、实收资本、生产成本、费用等明细账；总账（购货簿、销货簿）
收付款业务多、转账业务少的大中型企业	多栏式日记账核算形式	四本多栏式日记账；明细分类账同上；总账（购货簿、销货簿）
收付款业务多、转账业务亦多的大中型企业	多栏式日记账兼汇总转账凭证核算形式	四本多栏式日记账；其他账簿同上
大中型企业，但转账业务较少	科目汇总表兼转账日记账核算形式	序时账簿；必要的明细账、转账日记账；总账

专家点评

选用合适的账簿，能在做账时更加得心应手。

账簿按账页格式分类

关键词：账页

账页：它是账簿的主体，是由许多横线和竖线交织而成的表格。一本账簿一般由几十到几百个账页联结而成，每个账页都有比较统一、事先印制好的格式，用来记录各项有关的经济业务。

20××年，南京某建设股份有限公司实现净利润1.49亿元，然而其在账目上的经营活动产生的现金流量净额却是-2 003万元，巨大的反差令投资者对该公司的账目非常不信任。

按账页格式分类，账簿可分为：

三栏式账簿：在账页上设有“收入”（或增加）、“付出”（或减少）和“余额”三栏或“借方”“贷方”和“余额”三个基本栏目的账簿，只记录金额的账簿。各种日记账、总分类账以及资本、债权、债务明细账多使用这种账簿。三栏式账簿又分为两种，即设对方科目和不设对方科目，区别是在摘要栏和借方科目栏之间是否有“对方科目”这一栏。

多栏式账簿：按需要在账页上设置若干栏，只记录金额的账簿，适用于费用、费用明细账等，如“制造费用明细账”“管理费用明细账”。

数量金额式账簿：在“收入”“付出”和“结存”三栏内，

各栏内分设“数量”“单价”和“金额”三栏，借以反映财产物资的实物数量和价值量，既记录金额，又记录数量的账簿。原材料账户、库存商品账户、固定资产账户等一般使用这种账簿。

横线登记式账簿：设置增加、减少两大部分，采用横线登记法，在同一行上反映同一项经济业务的增减情况，以便于分析和检查某项经济业务发生和完成情况的账簿。适用于原材料、库存商品、产成品等明细账。

账簿按账页格式分类

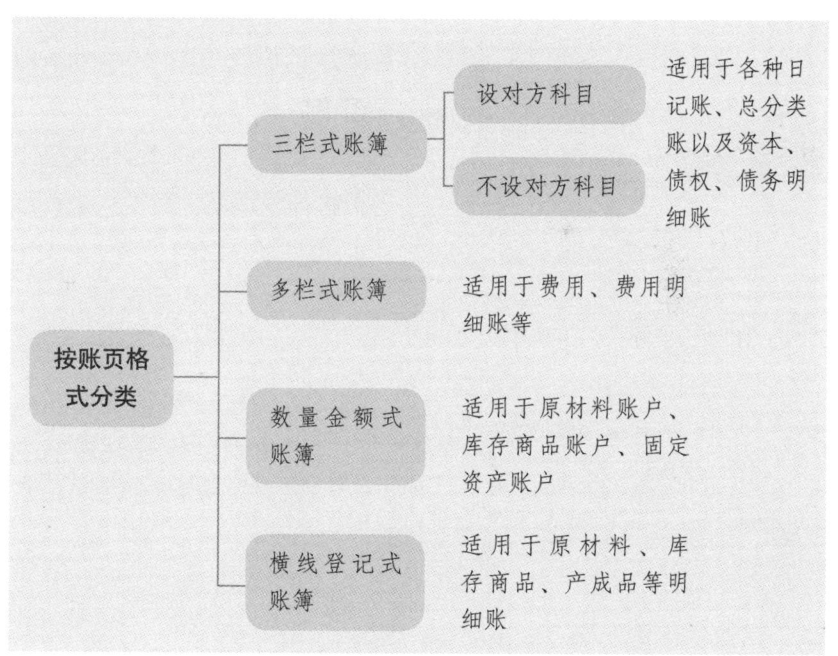

专家点评

根据做账种类的不同，选用合适的账页作为账簿，能使账目更加一目了然。

账簿的基本内容

****

关键词：扉页

扉页：一般指书籍封面或衬页之后、正文之前的一页，这里是指账簿翻开的第一页。

不同的账簿，功能不同，其构成要素也不同，但一般应具有以下基本内容：

经典示例

某企业近年没有进行任何长、短期的投资，资产负债表中长、短期投资都记录为零，但在损益表中“投资收益”项目中却记了100万元，原来，这项所谓“投资收益”是由于企业一笔装修业务，为了逃避建设安置业务增值税，企业将“装修收入”列入“投资收益”，造成账簿内容的失真。

1.在封面标明单位、账簿名称及会计年度。如总分类账簿、现金日记账、银行存款日记账。

2.扉页记载账簿的启用日期、截止日期、页数、册次、经管账簿人员一览表、会计主管人员签章、账户目录等。另外，如果明细账分若干本的话，还需在经管人员一览表中填列账簿名称。

3.账页由横线和竖线切割而成，横线分“行”，记账时一般都是按行次顺序记录发生的每一笔经济业务；竖线分“栏”，每一栏记录一笔如时间、依据、摘要、数量等业务的某个要点。

现金和银行存款日记账不用对账页特别设置。

不同的账簿格式会有所差异，但其内容基本都包括：

◎ 账户名称

◎ 日期栏

◎ 凭证种类和编号栏

◎ 摘要栏

◎ 金额栏

◎ 总页次和分户页次

其中，摘要栏是所记录经济业务内容的简要说明。金额栏是记录经济业务的增减变动和余额。

账页模板

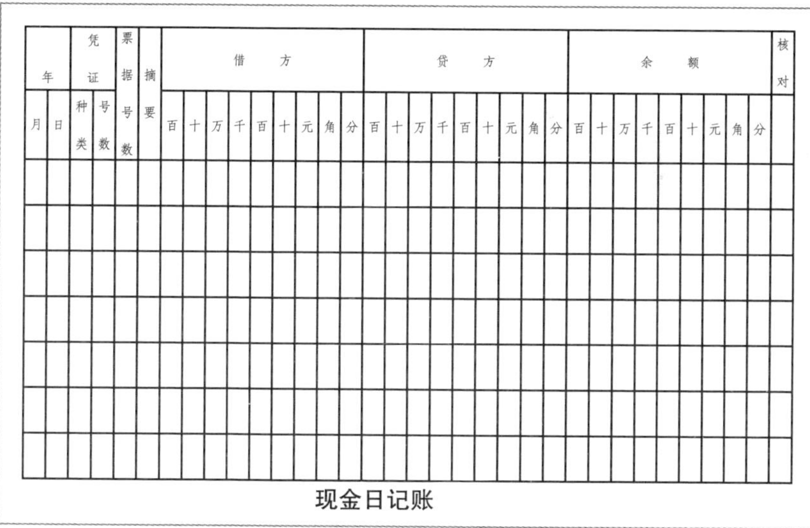

年		凭证		票据号数	摘要	借方									贷方									余额									核对
月	日	种类	号数			百	十	万	千	百	十	元	角	分	百	十	万	千	百	十	元	角	分	百	十	万	千	百	十	元	角	分	

现金日记账

专家点评

账簿的内容填写一定要规范，否则会给日后的对账、查账带来不便，增加自己或他人的工作量，更容易出现差错。

账簿的更换

****

关键词：账簿的更换

账簿的更换：是指在会计年度终了，将上年旧账更换为次年新账。

新账的更换程序是：年度终了，在本年有余额的账户“摘要”栏内注明“结转下年”字样。在更换新账时，注明各账户的年份，在第一行“日期”栏内写明1月1日；“记账凭证”栏空置不填；将各账户的年末余额直接抄入新账余额栏内，并注明余额的借贷方向。过入新账的有关账簿余额的转移事项，不需要编制记账凭证。

经典示例

安徽某市一国债服务部担任柜台出纳兼金库保管员的王某，于20××年5月11日，偷偷从金库中取出30万元的国库券，并制造假账将此事遮掩下去。4个月后仍然无人发现，于是王某的胆子开始大了起来，又取出50万元，通过证券公司融资回购方法，拆借人民币89.91万元。此后他又利用职务之便，先后盗走国库券94.03万元，折合人民币118.51万元，被发现后拘留，并追回所有赃款。

在新的会计年度建账并不是所有的账簿都更换为新的。一般来说，现金日记账、银行存款日记账、总分类账、大多数明细分类账应每年更换一次。但是有些财产物资明细账和债权债务明细账，由于材料品种、规格和往来单位较多，更换新账，重抄一遍，工作量较大，因此，可以跨年度使用，不必每年更换一次。第二年使用时，可直接在上年终了的双线下面记账。各种备查簿也可以连续使用。固定资产明细账是不需要每年更换的，一般是按固定资产的名称分别登记，连续使用。

账簿更换一般是在会计年度末，这时候，企业或单位都会将本年度旧账更换为下年度新账。更换新账时，要注明各账户的年份，然后在新账的第一行日期栏内写明。

更换账簿程序

在本年有余额的账户“摘要”栏内注明“结转下年”字样

注明各账户的年份，在第一行“日期”栏内写明1月1日

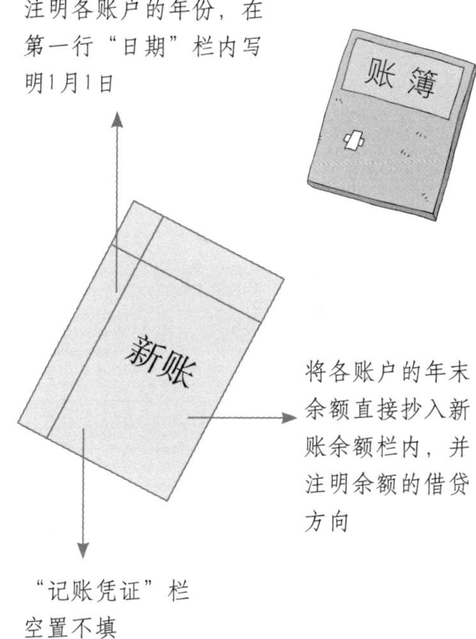

将各账户的年末余额直接抄入新账余额栏内，并注明余额的借贷方向

“记账凭证”栏空置不填

专家点评

更换账簿要按时及时，不要为了贪一时之懒，造成账务的混乱。

账簿的启用

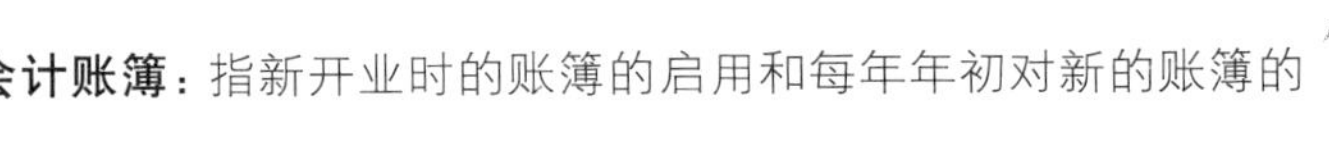

关键词：启用会计账簿

启用会计账簿：指新开业时的账簿的启用和每年年初对新的账簿的启用。

启用会计账簿时，需在账簿中记录以下相关信息：

1.设置账簿的封面和封底。除订本账外，各种活页账都应设置封面和封底，要求一一登记单位名称、账簿名称和所属会计年度。账簿的封皮一般是通用的，只要自行写好账簿的名称就可以了。

2.登记账簿启用及经管人员一览表。在启用新会计账簿时，要求首先填写在扉页上印制的“账簿启用及交接表”中的启用说明，其中记载了关于该账簿的相关信息，包括单位名称、账簿名称、账簿编号、起止日期、单位负责人、主管会计、审计人员和记账人员等项目，并加盖单位公章。在会计人员发生变更时，应办理交接手续并填写“账簿启用及交接表”中的交接说明。

经典示例

20××年10月，A公司因产品销售不畅，公司财会部预测公司本年度将发生780万的亏损。刚刚上任的公司总经理责成总会计师王某想办法实现当年盈利目标，甚至废除公司部分账簿，在未到启用会计账簿时间的时候开始使用新的改过的账簿，并在新账中对会计报表做一些会计技术处理。这种违规操作后来被审计部门查出，处以10万元的罚款。

3.填写账户目录。总账应按照会计科目的编号顺序填写科目名称及启用页码，这样在进行相关的查找时可以很快地定位科目页码。在启用活页式明细分类账时，应按照所属会计科目填写科目名称和页码，在年度结账后，撤去空白账页，填写使用页码。所以在正常使用的时期，活页式明细分类账的页码是不确定的，用以区别定位的就是各式的口曲纸。

4.粘贴印花税票。印花税票应粘贴在账簿的右上角，并且需要进行划线注销。印花税票就是和邮票一样的东西，每个账簿的封面都应贴具，还应在上面用两条红色横线表示划线注销。

为了保证会计账簿记录的合法性和完整性，明确记账责任，会计人员在启用账簿时，要填写账簿启用表。要求：填写启用日期和启用账簿的起止页数；填写记账人员姓名和会计主管人员姓名并加盖印章以示慎重；加盖单位财务公章；当记账人员或会计主管人员工作变动时，应办好账簿移交手续，签名并加盖公章。

启用会计账簿需记录的信息

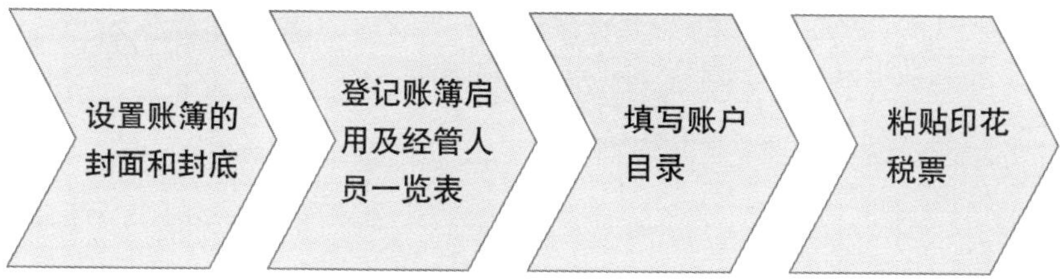

专家点评

启用新的会计账簿并不是说旧账就不用理会了，因为所有的经济活动都是有因有果的，新旧账簿有着承前启后的关系。

科学的账务处理程序

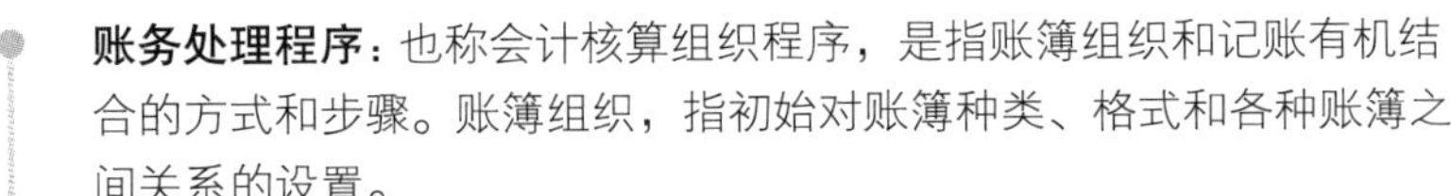

关键词：账务处理程序

账务处理程序：也称会计核算组织程序，是指账簿组织和记账有机结合的方式和步骤。账簿组织，指初始对账簿种类、格式和各种账簿之间关系的设置。

记账步骤，是对会计数据的记录、归类、汇总、陈报的步骤和方法。即从原始凭证的整理、汇总，记账凭证的填制、汇总，日记账、明细分类账的登记，到会计报表的编制的步骤和方法。账务处理程序的基本模式可以概括为：原始凭证——记账凭证——会计账簿——会计报表。

经典示例

马克思说："过程越是按社会的规模进行，越是失去纯粹个人的性质，作为对过程的控制和观念总结的簿记就越是必要。"马克思所说的"簿记"就是会计，"过程"就是社会再生产的过程，对过程的控制，这个控制，一般把它理解为"监督"。观念总结是利用观念上的货币进行综合反映，就是计价，但实际上它有综合反映的意思，现在一般理解为核算。也就是说，会计的职能就是对过程的反映和监督。

选择科学、合理的会计账务处理程序是组织会计工作，进行会计核算的前提。在实际工作中有企业可以选择不同的会计账务处理程序，在进行选择时应符合以下标准要求：

适合本单位的组织结构特点，考虑自身企业单位组织规模的大小，经济业务性质和繁简程度，有利于会计工作的分工协作和内部控制。

能够正确、及时和完整地提供相关会计信息，在保证会计信息质量的前提下，满足本单位各相关管理部门及人员的会计信息需要。

力求简化，减少不必要的环节，节约人力、物力和财力，提高工作效率。

常用的账务处理程序主要有记账凭证账务处理程序、汇总记账凭证账务处理程序、科目汇总表账务处理程序、多栏式日记账务处理程序和日记总账账务处理程序。这几种账务处理程序中，最为严格的是总账处理，必须在单位主管、会计和现金出纳三方同时在场才可以完成。

今天，电算化条件下，所有的账务处理程序都在会计制度建立时设定好了，财会人员只需要依照规章操作就可以了。

账务处理程序的基本模式

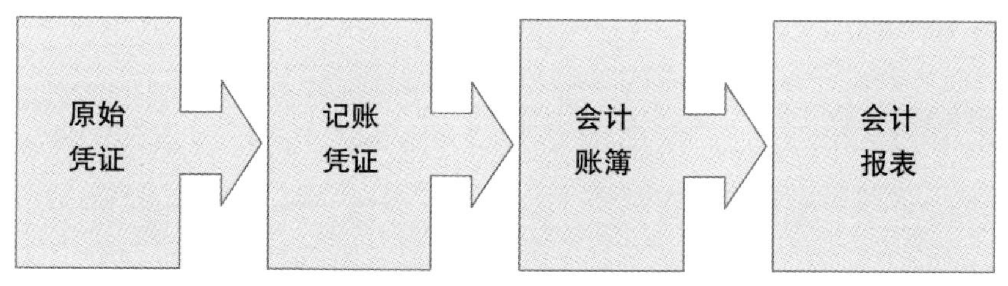

专家点评

不同的账务处理流程的差别主要体现在登记总账的方法和依据不同，其中科目汇总表核算形式最为常见。

规范填写账簿

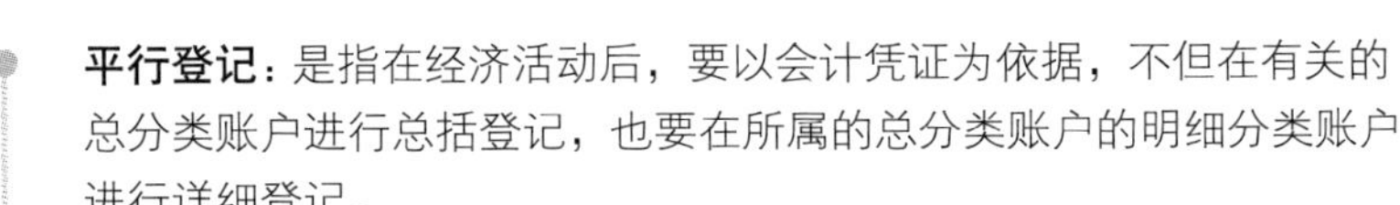

关键词：平行登记

平行登记：是指在经济活动后，要以会计凭证为依据，不但在有关的总分类账户进行总括登记，也要在所属的总分类账户的明细分类账户进行详细登记。

为了保证账簿记录、成本计算和会计报表不出现差错，填写账簿必须根据审核无误的记账凭证进行。具体的登记要求如下：

1.内容准确完整。这条可以说是一个最基本的要求。登记会计账簿时，应当将会计凭证日期、编号、业务内容摘要、金额等逐项登记入账内，做到数字准确、摘要清楚、登记及时、字迹工整。

2.平行登记。对于每一项会计事项，要在总账和明细账之间进行平行登记。

经典示例

美国某著名出版公司采用信用销售方式来销售公司产品，声明对那些在规定信用期内提前付款的客户给予10%的折扣。在会计记账规则下，企业账目上反映为贷方按销售总金额计算的“应收账款”项目，应在借方按照应收账款的90%计入“现金”,同时将剩下的10%计为“财务费用”。但该公司却按原设定销售价格90%计算的销售总额记入“现金”，同时贷方也按照这个数字冲销“应收账款”，如此一来，10%的现金折扣就不再被作为费用处理，人为增加了公司的利润。在长达6年的时间中，该公司利用这个方法获得的应收账款达到了1.63亿美元。

3.及时登记。登记账簿的间隔时间总的来说是越短越好。

4.注明记账符号。登记完毕后，要在记账凭证上盖上自己的人名章，并用“√”表示已经记账，以免发生重记或漏记。

5.书写留空。账簿中书写的文字和数字一般应占格距的1/2。

6.正常记账使用蓝、黑墨水。特殊记账使用红墨水。

7.顺序连续登记。登记各种账簿时应按页次顺序连续登记，不得跳行、隔页。

8.结出余额。凡需要结出余额的账户，结出余额后，应当在“借或贷”等栏内写明“借”或者“贷”等字样。

9.注明过次承前。每一账页登记完毕结转下页时，应当结出本页合计数及余额，写在本页最后一行和下页第一行有关栏内，并在摘要栏内注明“过次页”和“承前页”字样。

规范填写账簿

内容准确完整	平行登记	及时登记
注明记账符号	书写留空	正常记账使用蓝、黑墨水
顺序连续登记	结出余额	注明过次承前

专家点评

中国现代会计之父潘序伦说：“立信，乃会计之本。没有信用，也就没有会计。”

账簿的装订

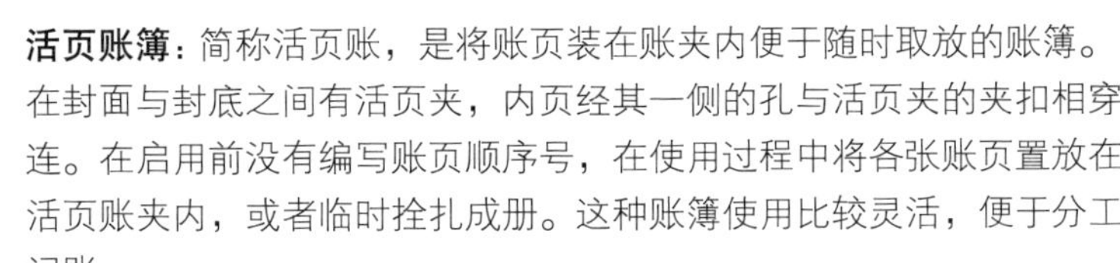

关键词：活页账簿

活页账簿：简称活页账，是将账页装在账夹内便于随时取放的账簿。在封面与封底之间有活页夹，内页经其一侧的孔与活页夹的夹扣相穿连。在启用前没有编写账页顺序号，在使用过程中将各张账页置放在活页账夹内，或者临时拴扎成册。这种账簿使用比较灵活，便于分工记账。

会计账簿装订的基本要求是：

在账簿装订前，先根据账簿启用表的使用页数看各个账户是否相符，账页数是否齐全，序号排列是否连续；然后按顺序进行装订，如会计账簿封面、账簿启用表、账户目录、按页数顺序排列的账页、会计账簿封底。

经典示例

李某是江苏某外贸公司的会计，一次在装订会计账簿时遗漏了一张涉及金额高达500万的记账凭证，由于没有被及时发现，给公司带来了巨大的损失。

活页账簿装订要求。保留已使用过的账页，将账页数填写齐全，空白页取出并撤掉账夹，再用质量好的牛皮纸做封面、封底，然后装订成册；不得混装，应按同类业务、同类账页装订在一起，如多栏式活页账、三栏式活页账、数量金额式活页账等同类账页的装订在一起；在账簿封面填写好账目的种类，编好卷号，并由会计主管人员和装订人签章。

账簿装订后会计还需要对其进行后续处理：

1.会计账簿应牢固、平整，不得有折角、缺角，错页、掉页、加空白纸的现象。

2.会计账簿的封口要严密，在封口处加盖有关印章。

3.封面应齐全、平整，并注明所属年度及账簿名称、编号［编号顺序为总账、现金日记账、银行存（借）款日记账、分户明细账］，编号为每年一编。

4.按保管期限，将会计账簿分别编制卷号，如现金日记账全年按顺序编制。

会计账簿装订的基本要求

装订前

先根据账簿启用表的使用页数看各个账户是否相符，账页数是否齐全，序号排列是否连续

装订

按顺序进行装订，如会计账簿封面、账簿启用表、账户目录、按页数顺序排列的账页、会计账簿封底

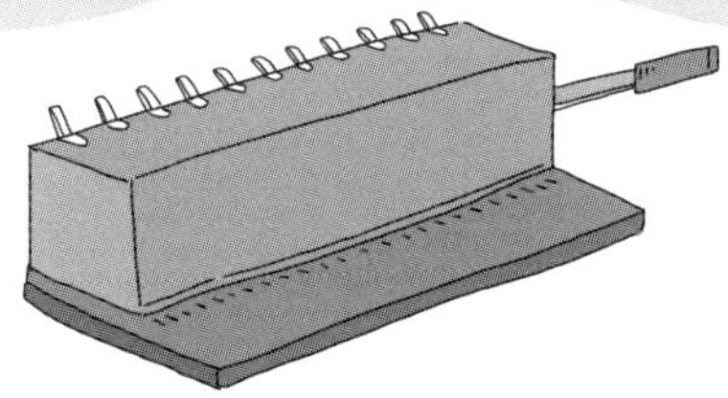

专家点评

除了跨年使用的账簿，各种账簿在年度结账后，都应按时整理立卷。

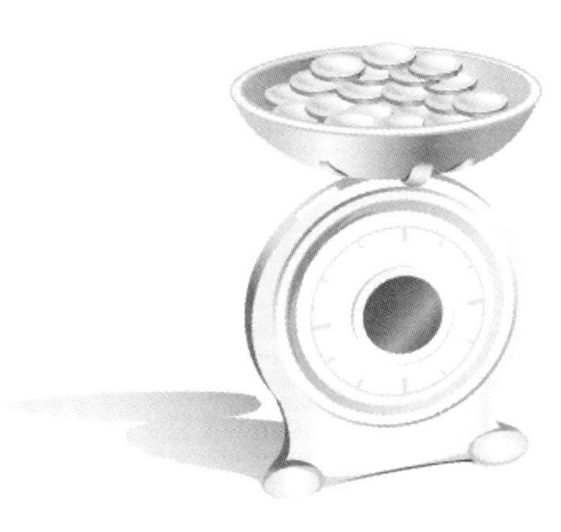

主要经济业务的核算

要厘清一个企业或单位的经营情况或财务状况，首先就要知道这个企业或单位会发生哪些主要的经济业务。而如何根据经济业务做会计分录并进行核算，也是让会计人员最头痛也最无法回避的问题。

要最快地掌握核算方法，就要分清借记和贷记的各个项目，如应收账款、应付账款、收到付出分别记到借方还是贷方，以及折旧、财务费用等一些特殊的项目，弄清各个项目所处类别，注意清算均衡。

财务核算流程

关键词：财务核算流程

财务核算流程：就是由做凭证开始到编制会计报表这一过程，也叫会计循环。简单点说就是根据原始凭证做记账凭证，再根据记账凭证记明细账，接着汇总，然后根据汇总表记总账，最后依据总账编制报表。一个月的业务就结束了，接下来就是去报税、纳税。

每个财务人员都应该了解财务核算的流程，更应该了解相关的财务软件。目前稍有规模或管理水平高一点的企业均采取信息化管理，财务人员应该知道如何使用软件和如何设置，只要凭证制作正确，其余一切由计算机完成。

经典示例

会计每个月所要做的第一件事就是根据原始凭证登记记账凭证（做记账凭证时一定要有财务经理等有签字权的人签字后才开始工作），然后月末或定期编制科目汇总表登记总账（之所以月末登记就是因为要通过科目汇总表试算平衡，保证记录计算不出错），每发生一笔业务就根据记账凭证登记明细账。

财务核算的具体进行在各个企业不同，但是大体流程可以分为：

1.根据原始凭证或原始凭证汇总表填制记账凭证；

2.根据收付记账凭证登记现金日记账和银行存款日记账；

3.根据记账凭证登记明细分类账；

4.根据记账凭证汇总、编制科目汇总表；

5.根据科目汇总表登记

总账；

6.根据科目汇总表对账结账；

7.期末，根据总账和明细分类账编制资产负债表和利润表。

财务核算系统大致都包括以下几个模块：往来核算处理系统；出纳账务处理系统；进销存处理系统；固定资产处理系统；成本核算处理系统；工资核算处理系统；账务处理系统（即编制分录，试算平衡，结账，登记账簿，编制报表的系统）。

如果企业的规模小，业务量不多，可以不设置明细分类账，直接将逐笔业务登记总账。实际会计实务要求会计人员每发生一笔业务就要登记入明细分类账中。而总账中的数额是直接将科目汇总表的数额抄过去。企业可以根据业务量每隔5天、10天、15天，或是一个月编制一次科目汇总表。如果业务相当大，也可以一天一编。

财务核算流程图

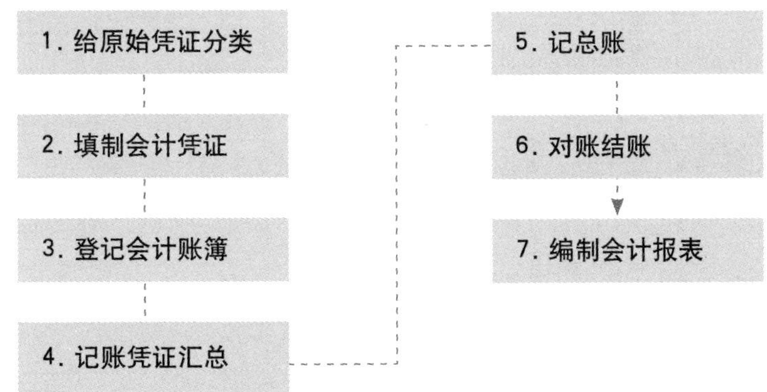

专家点评

政府的财务核算和公司基本一样，不过在审查环节上会进行多次。

运用记账凭证核算程序

关键词：记账凭证核算形式

记账凭证核算形式：直接根据各种记账凭证逐笔登记总分类账的会计核算形式，是各种会计核算形式中最基本的会计核算形式，其他会计核算形式是在该核算形式的基础上发展起来的。

经典示例

某公司董事长兼总经理王某，一心想做大生意，藐视法律法规。他在国外注册了一个注册资本为1亿元的外商投资公司。但是，还未等他的注册资金按期到位，王某就指使财务人员将第一期第一次的出资证明进行篡改复印，作为投资到位的一种虚假证明，来逃避审计人员的视线。

在记账凭证核算形式下，记账凭证可以用收款凭证、付款凭证、转账凭证三种格式，也可以采用通用的记账凭证格式。设置的账簿一般有现金日记账、银行存款日记账、总分类账和明细分类账；其中，现金日记账和银行存款日记账一般采用三栏式，明细分类账一般根据管理的需要分别采用三栏式、数量金额式和多栏式。

根据会计要求，会计应该按照下列流程设置记账凭证的自动核算：

1.将各种原始凭证或汇总原始凭证，编制成记账凭证（包括收款凭证、付款凭证和转账凭证）。

2.将收款凭证、付款凭证入账，登记为现金日记账和银行存款

日记账。

3.根据原始凭证、汇总原始凭证和记账凭证，登记各种明细账。

4.根据记账凭证逐笔登记总分类账。

5.月终，将现金日记账、银行存款日记账的余额及各种明细分类账户余额合计数，与总分类账中有关科目的余额进行核对。

6.月终，根据核对无误的总分类账和各种明细分类账的记录，编制会计报表。

记账凭证核算形式设置的账务处理程序

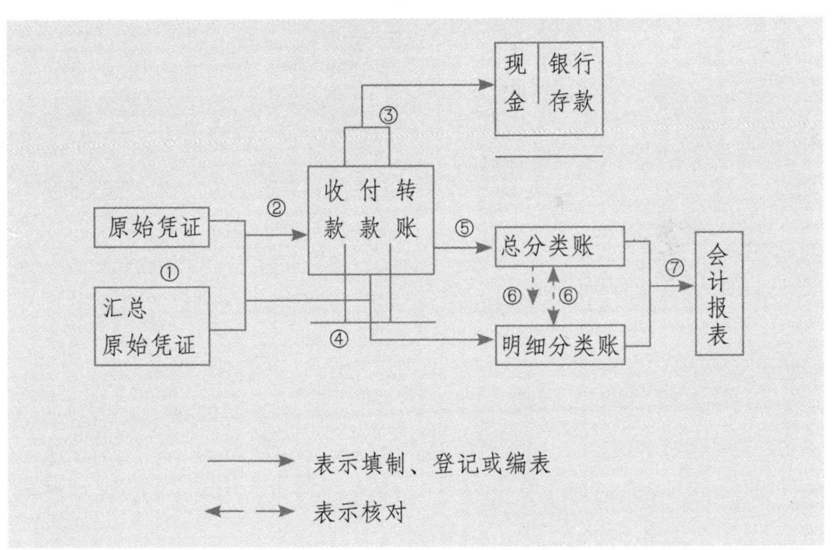

专家点评

规模较小、业务量较少、会计凭证也较少的企业一般适宜使用记账凭证核算形式。这是因为业务量较大的企事业单位，逐笔登记总分类账会增加登记总账的工作量。

主营业务收入的账务处理及核算

关键词：主营业务收入

主营业务收入：是指企业通过销售商品、提供劳务等主要经营活动所获取的收入。

经典示例

2019年9月，某股份有限公司承认其编制的2017年度报告在披露主要控股子公司供销公司的"主营业务收入、主营业务利润、净利润"数据时，将供销公司的"主营业务收入"725 066.15万元误录入为825 066.15万元，录入差距达到10亿元。

企业应设置"主营业务收入"科目，用以核算企业确认的销售商品、提供劳务等主营业务的收入。该科日可按主营业务的种类进行明细核算。

主营业务收入的主要账务处理：

1.主营业务收入应按实际收到或应收的金额，借记"银行存款""应收账款""应收票据"等科目，按确认的营业收入，贷记本科目。其中涉及增值税销项税额的，还应进行相应的处理。

2.企业采用递延方式分期收款、具有融资性质的主营业务满足收入确认条件的，按应收合同或协议价款，借记"长期应收款"科目，按应收合同或协议价款的公允价值（折现值），贷记本科目，按其差额，贷记"未实现融资收益"科目。

3.以库存商品进行非货币性资产交换（非货币性资产交换具有商业实质且公允价值能够可靠计量）、债务重组的，应按该产成

品、商品的公允价值，借记“库存商品”“应交税费——应交增值税”等科目，贷记本科目。涉及补价的，分别以相关货币资金计入借方或贷方。

4.本期（月）发生的销售退回或销售折让，按应冲减的营业收入，借记本科目，按实际支付或应退还的金额，贷记“银行存款”“应收账款”“应收票据”等科目。其中涉及增值税销项税额的，还应进行相应的处理。会计时间段终了，应将本科目的余额转入“本年利润”科目，结转后本科目应无余额。

设置主营业务收入核算账户

借	主营业务收入（总账） 贷
销货退回、销售折让等冲减收入，或期末结转“本年利润”账户的余额	销售商品、提供劳务、让渡资产使用权而取得的收入

专家点评

披露的主营业务收入数据若存在差错且未能及时进行更正，错误的财务指标、财务数据和财务会计报告会影响人们对公司的正确评估，因此，编制定期报告时要更加认真、细致，防止出现类似差错和疏漏。

套期保值的确认和计量

****

关键词：套期保值　套期关系

套期保值：主要是为了避免现货市场上的价格风险，而在期货市场上采取与现货市场上方向相反的买卖行为，即在现货市场上将商品卖出，同时在期货市场上将同一种商品买进；或者相反。它分空头套期保值和多头套期保值两种形式。

套期关系：即套期工具和被套期项目之间的关系。

企业在进行商品套期保值时有一个前提，那就是确定当前商品的价位是可以接受的。但是后期也有很大可能会出现自己利益缩小的情况。套期保值正是为了规避这种风险。一般做套保的不是为了赚这时的钱，而是想规避一段时间之后行情的变化而使自己利益受到风险的干扰。

套期保值的会计方法有其运用条件：

经典示例

20×× 年 10 月 10 日，国内棕榈油现货价格为 8 270 元 / 吨的时候，国内某棕榈油贸易商与马来西亚的棕榈油供货商签定了 11 月船期的 1 万吨棕榈油订货合同。棕榈油 CNF（成本 + 运费）价格为 877 美元，当日的汇率及关税可以计算出当日的棕榈油进口成本价在 8 223 元 / 吨，按照计算，此次进口中可获得 47 元 / 吨的利润。该贸易商于 10 月 10 日在国内棕榈油期货市场以成交均价 8 290 元 / 吨卖出 12 月棕榈油合约 1 000 手进行保值。到 11 月 15 日，进口棕榈油到港卸货完备，该贸易商以 7 950 元 / 吨的价格卖了 10 000 吨棕榈油现货，同时在期货市场上买入 1 000 手 12 月棕榈油合约进行平仓，成交均价为 7 900 元 / 吨。

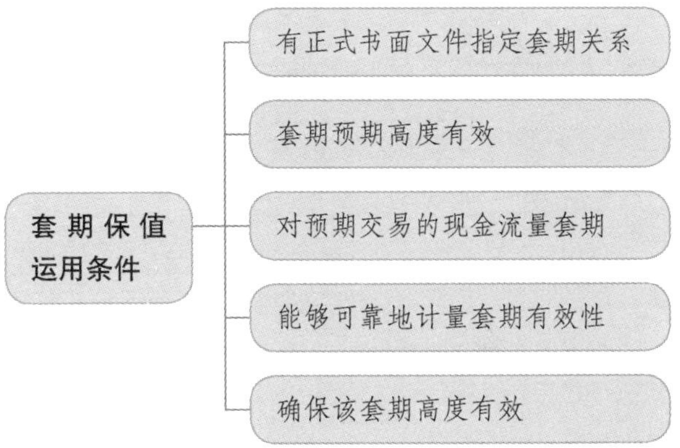

1.在套期开始时，企业对套期关系有正式指定，并准备了关于套期关系、风险管理目标和套期策略的正式书面文件。该文件至少载明了套期工具、被套期项目、被套期风险的性质以及套期有效性评价方法等内容。套期必须与具体可辨认并被指定的风险有关，且最终影响企业的损益。

2.该套期预期高度有效，且符合企业最初为该套期关系所确定的风险管理策略。

3.对预期交易的现金流量套期，预期交易很可能发生，且必须使企业面临最终将损益的现金流量变动风险。

4.能够可靠地计量套期有效性。

5.企业应当持续地对套期有效性进行评价，并确保该套期在套期关系被指定的会计期间内高度有效。

上述五个条件最重要的条件是套期有效性的评价和计量问题。最基础的条件是有正式书面文件指定套期关系。

专家点评

只要遵循保值逻辑正确、净头寸掌握适度、套保提前量把握恰当这三大原则，对大势判断清晰，那么无论是牛市还是熊市行情，企业都可以有效规避价格变动风险。

支出核算

****

关键词：支出 经营支出

支出：企业在经济活动中为获得另一项资产、为清偿债务所发生的资产的流出。如企业为购买材料、办公用品等支付或预付的款项；为偿还银行借款、应付账款及支付账款或支付股利所发生的资产的流出；为购置固定资产、支付长期工程费用所发生的支出和生活中的消费支出。

经营支出：是指企业在专业业务活动及辅助活动之外开展非独立核算经营活动发生的支出，通常应按照权责发生制和配比的思路确认。

在经营过程中，根据成本、费用发生的地点或用途等，每个成本对象（成本中心、内部订单、生产订单等）发生成本、费用记账时，该费用同时被记入相应的功能范围中。

经典示例

20××年1月1日，某财务公司取得一项非专利技术，价值1 000 000元，次年1月1日出售时已累计摊销100 000元，未计提减值准备，出售时取得价款900 000元，应交的营业税为54 000元。不考虑其他因素，出售时应编制如下会计分录：

借：银行存款 954000

累计摊销 100000

贷：无形资产 1000000

应交税费——应交增值税（销项税额）54000

发生其他业务支出时，归集所有的其他业务支出数据，进而反映在损益表中。其他业务支出对应的成本中心设置方式，可以根据企业的具体核算需求而定。

营业外支出业务必须使用科目表中给定的营业外支出明细科目进行核算，不得将其记入其他成本、费用类科目中。若现有营业外支出明细科目无法满足营业外支出细化核算需求，企业可以申请新增。

支出核算

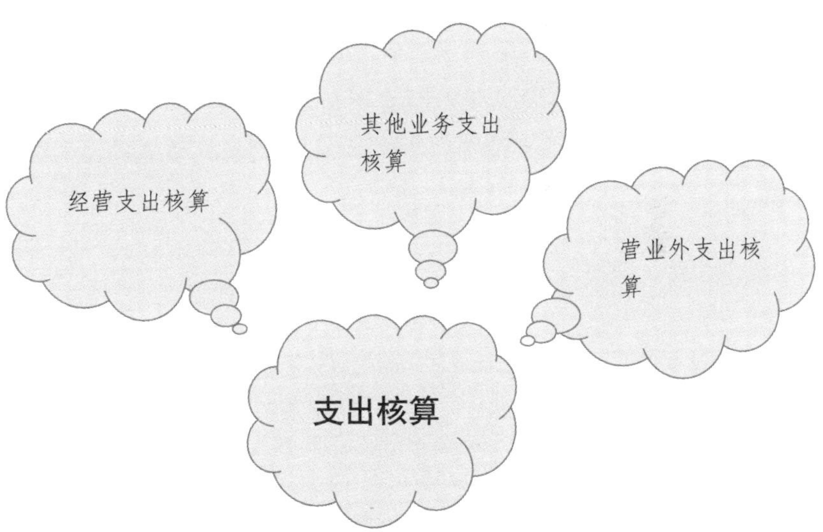

专家点评

目前一些企业或单位对属于收入或支出的经济业务，不按照会计制度规定进行正确的核算，而是利用应收、应付等进行核算，结果不仅造成了收入支出核算不真实，而且使会计信息失真。

所得税费用的确认和计量

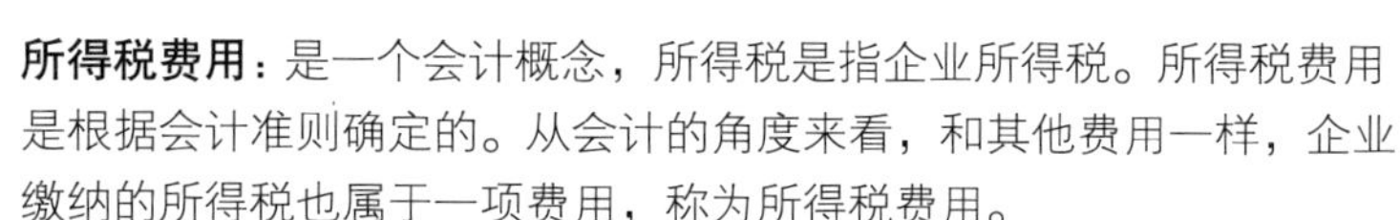

关键词：所得税费用

所得税费用：是一个会计概念，所得税是指企业所得税。所得税费用是根据会计准则确定的。从会计的角度来看，和其他费用一样，企业缴纳的所得税也属于一项费用，称为所得税费用。

所得税是企业的一项费用，影响的是净利润，它是税务局方面要求当期缴纳的税款，所得税费用是当期会计上应该确认的费用。税务局和会计处理经常有差异，那么一般情况都是需要纳税调整的。

经典示例

某企业持有一项成本为 1 000 万元的交易性金融资产，会计期末，其公允价值为 1 500 万元，如计税基础仍维持 1 000 万元不变，该计税基础与其账面价值之间的差额 500 万元即为应纳税暂时性差异。该企业适用的所得税税率为 25%。该企业因某事项在当期确认了 100 万元负债，当期按照税法规定计算确定的应交所得税为 600 万元，预计在未来期间能够产生足够的应纳税所得额用以抵扣可抵扣暂时性差异。

那么计算其所得税费用如下：

递延所得税费用 = 递延所得税负债（500×25%）－递延所得税资产（100×25%）=125 － 25 = 100（万元）

当期所得税费用 =600 万元

所得税费用 = 当期所得税费用 + 递延所得税费用 =600 + 100 = 700（万元）。

按照资产负债表债务法核算所得税的情况下，利润表中的所得税费用由当期所得税和递延所得税两个部分组成。即：

当期所得税＝当期应交所得税＝应纳税所得额×适用税率－减免税额－抵免税额

递延所得税＝（期末递延所得税负债－期初递延所得税负债）－（期末递延所得税资产－期初递延所得税资产）

企业在计算确定当期所得税（即当期应缴所得税）以及递延所得税费用（或收益）的基础上，应将两者之和确认为利润表中的所得税费用（或收益），但不包括直接计入所有者权益的交易或事项的所得税影响。

即：所得税费用（或收益）＝当期所得税＋递延所得税费用－递延所得税收益

所得税费用的计算

1. 当期所得税＝当期应交所得税＝应纳税所得额 × 适用税率－减免税额－抵免税额

2. 递延所得税＝（期末递延所得税负债－期初递延所得税负债）－（期末递延所得税资产－期初递延所得税资产）

3. 所得税费用（或收益）＝当期所得税＋递延所得税费用－递延所得税收益

专家点评

企业核算所得税，主要是为确定当期应缴所得税以及利润表中应确认的所得税费用。

债务重组的会计处理

****

关键词：债务重组利得

债务重组利得：是指重组债务的账面价值超过清偿债务的现金、非现金资产的公允价值、所转股份的公允价值，或重组后债务账面价值之间的差额，应计入营业外收入。

公司在进行合并的时候，债务会进行重组。过程中，债务人的会计处理：

以现金清偿债务。债务人应当将重组债务的账面价值与实际支付现金之间的差额，计入当期损益。

以非现金资产清偿债务。债务人要算重组债务的账面价值与转让的非现金资产公允价值之间的差额，并计入当期损益。

将债务转为资本。债务人应当将

经典示例

20×× 年6月1日，乙公司欠甲公司100万元，因财务困难无法按期偿还。当年7月30日，两公司债务重组，乙公司7月30日当即以银行存款90万元偿付该项债务；甲公司在收到乙公司款项后，双方债务结清。甲公司对此项债务已计提2万元坏账准备。

甲、乙公司双方的会计处理：

甲公司：借：银行存款　90万

坏账准备　2万

营业外支出——债务重组损失　8万

贷：应收账款　100万

乙公司：借：应付账款——甲公司　100万

贷：银行存款　90万

营业外收入——债务重组利得　10万

债权人放弃债权而享有股份的面值总额确认为股本（或者实收资本），股份的公允价值总额与股本（或者实收资本）之间的差额确认为资本公积。重组债务的账面价值与股份的公允价值总额之间的差额，计入当期损益。

修改其他债务条件。修改其他债务条件后债务的公允价值（未来应付金额的现值），应当作为重组后债务的入账价值。重组债务的账面价值与重组后债务的入账价值之间的差额，计入当期损益。修改后的债务条款如涉及或有应付金额，且能符合负债确认条件的，债务人应当将该或有应付金额（未来应付金额的现值）确认为预计负债。重组债务的账面价值，与重组后债务的入账价值和预计负债金额之和的差额，计入当期损益。

以非现金资产清偿债务账务处理

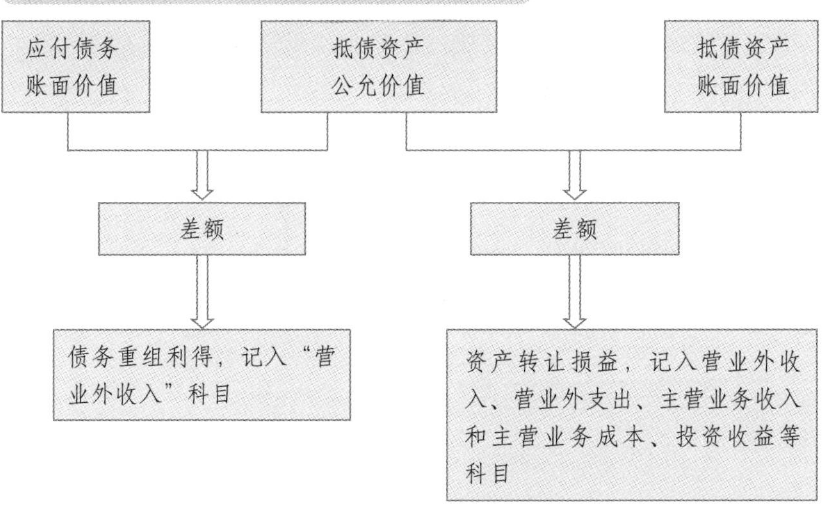

专家点评

债权人做出让步实际上是对债务人的投资，重组债务的账面价值与抵债资产的账面价值之间的差额，债务人应计入资本公积。

现金流量

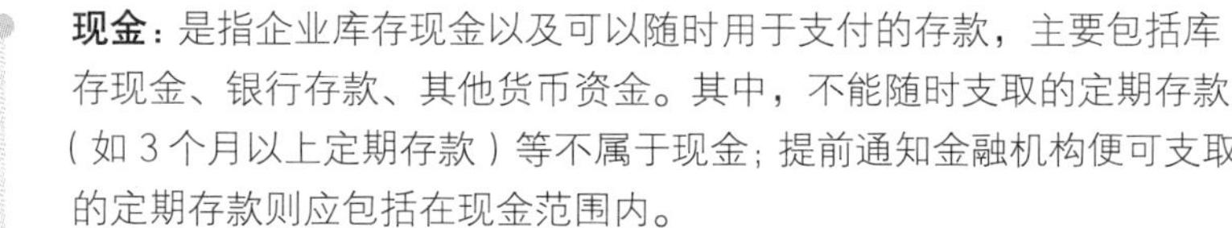

关键词：现金

现金：是指企业库存现金以及可以随时用于支付的存款，主要包括库存现金、银行存款、其他货币资金。其中，不能随时支取的定期存款（如3个月以上定期存款）等不属于现金；提前通知金融机构便可支取的定期存款则应包括在现金范围内。

现金流量是指企业在一定会计期间按照现金收付实现制，通过一定经济活动而产生的现金流入、现金流出及其总量情况的总称，即企业一定时期的现金和现金等价物的流入和流出的数量。

经典示例

某企业为了增加产量，扩大现有销售量，准备在计划年度添置一台大型设备，现需要投资20 000元，使用寿命为5年，采用直线法计提折旧，5年后设备无残值，5年中每年销售收入为12 000元，每年的付现成本为5 000元，假设所得税率为40%，资金成本率为10%。现金流量是多少？

年折旧额为20 000÷5=4 000（元），初始投资20 000元。

5年内每年现金流量=（12 000−5 000−6 000）×（1−40%）+6 000=6 600（元）

现金流量所管理的现金，并非我们平时使用的手持现金，而是指企业的库存现金和银行存款，以及现金等价物。现金等价物是指企业持有的期限短、流动性强、易于转换为已知金额现金、价值变动风险

很小的投资。例如可在证券市场上流通的3个月内到期的短期债券等。现金等价物有期限短、流动性强、易于转换为已知金额现金、价值改动风险小四个特点。

所以说，现金流量包括现金、可以随时用于支付的银行存款和其他货币资金。

现金流量包括

- 经营活动现金流量
- 投资活动现金流量
- 筹资活动现金流量
- 系统内资金划拨活动现金流量
- 银行间转账与提现交现结转
- 汇率变动对现金及现金等价物的影响

现金流量按其来源性质不同分为经营活动产生的现金流量、投资活动产生的现金流量和筹资活动产生的现金流量三类。包括经营活动现金流量、投资活动现金流量、筹资活动现金流量、系统内资金划拨活动现金流量、银行间转账与提现交现结转、汇率变动对现金及现金等价物的影响六类。

会计利润可以通过虚假销售、提前确认销售、扩大赊销范围或者关联交易调节利润，而现金流量是根据收付实现制确定的，因此，现金流量指标可以弥补利润指标在反映公司真实盈利能力上的缺陷。

专家点评

在现代企业的发展过程中，现金流能决定企业兴衰存亡，也最能反映企业的本质，在众多价值评价指标中基于现金流的评价是最具权威性的。

净利润核算

关键词：利润

利润：是企业在一定会计期间的经营成果，是企业的收入减去有关的成本费用后的差额。收入大于相关的成本与费用，企业盈利，收入小于相关的成本与费用，则企业亏损。

根据我国《企业会计准则》规定，一般来说，企业的利润分为营业利润、利润总额和净利润。

营业利润是企业利润的主要来源。它是指企业在销售商品、提供劳务等日常活动中所产生的利润。

营业利润=营业收入−营业成本−营业税金及附加−销售费用、管理费用和财务费用−资产减值损失+公允价值变动收益（减损失）+投资收益（减投资损失）

经典示例

根2020年2月某公司公布的四季度财报数据显示：2019财年四季度，其营业收入达1388亿美元，同比增长25亿美元，同比增长率约1.8%。去除其他股东外，归属于该公司的净利润达到了36.87亿美元，同比增长69.5%。

上面公式中，营业收入包括主营业务收入和其他业务收入，营业成本包括主营业务成本和其他业务成本。

利润总额=营业利润+营业外收入−营业外支出

净利润一般也称为税后利润或净收入，是指总利润中按规定交纳了所得税后的公司利润留成，它是一个企业经营的最终成果。净利润是衡量一个企业经营效益的主要指标，净利润多，企业的经营效益就好；净利润少，企业的经营效益就差。

净利润=利润总额−所得税费用

净利润的多寡取决于利润总额和所得税费用两个因素。企业的所得税率都是法定的，所得税率愈高，净利润就愈少。我国现在的所得税率一般为企业25%的所得税率，三资企业和部分高科技企业采用的优惠税率为15%，即利润总额中的25%或15%要作为税收上交国家财政。当企业的经营条件相当时，所得税率较低企业的经营效益就要好一些。

净利润核算

专家点评

从会计上解释，会计上只有净利润，没有纯利润的说法，而净利润是股东分配利润的基础。

政府补助的会计处理

关键词：政府补助

政府补助：是指企业从政府无偿取得的货币性资产或非货币性资产，但不包括政府作为企业所有者投入的资本。

政府补助的形式主要有财政拨款、财政贴息、税收返还和无偿划拨非货币性资产等。

政府补助的特征之一是无偿性，另一特性是直接取得资产，不涉及资产直接转移的经济支持不属于政府补助，例如政府之间的债务豁免，除税收返还外的税收优惠，如直接减征、免征、增加计税抵扣额、抵免部分税额等，增值税出口退税也不属于政府补助。

从理论上讲，政府补助有两种会计处理方法：收益法与资本法。

经典示例

甲储备企业20××年实际粮食储备量0.5亿千克。根据国家有关规定，财政部门按照企业的实际储备量提供每斤0.039元的粮食保管费补贴，于每个季度初支付。20××年1月10日起，甲企业收到财政拨付的补贴款。

20××年1月1日，甲企业确认应收的财政拨付的补贴款：

借：其他应收款 3 900 000

贷：递延收益　3 900 000

20××年1月10日，甲企业实际收到财政补贴款：

借：银行存款 3 900 000

贷：其他应收款 3 900 000

所谓收益法是将政府补助计入当期收益或递延收益；所谓资本法是将政府补助计入所有者权益。收益法又有两种具体方法：总额法与净额法。总额法是在确认政府补助时，将其全额确认为收益，而不是作为相关资产账面余额或者费用的扣减。净额法是将政府补助确认为对相关资产账面余额或者所补偿费用的扣减。政府补助准则要求采用的是收益法中的总额法，以便更真实、完整地反映政府补助的相关信息。

政府补助准则规范的政府补助主要有无偿性和直接取得资产的特征。政府补助时，政府并不因此享有企业的所有权，企业将来也不需要偿还。政府补助是企业从政府直接取得的资产。

政府补助的形式

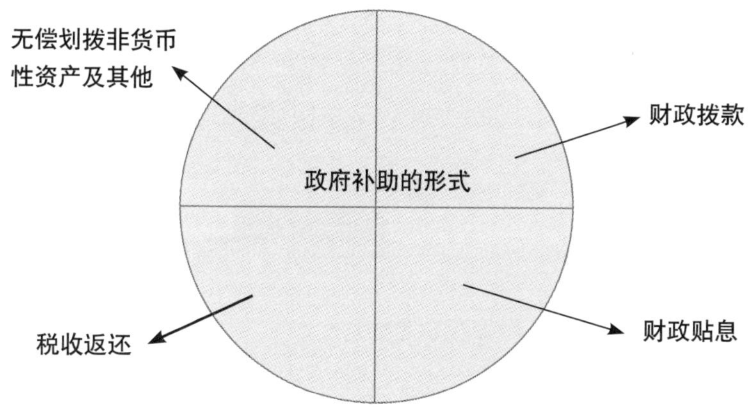

资本法是政府补助会计处理的历史办法，现今和将来收益法将彻底取代资本法，不过即使对于相同的政府补助，企业仍有在总额法与净额法之间、在公允价值法与名义价值法之间穿梭选择的自由。

外币交易的会计处理

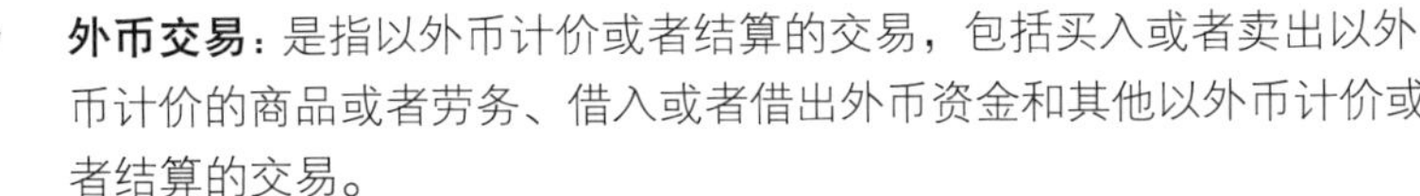

关键词：外币交易

外币交易：是指以外币计价或者结算的交易，包括买入或者卖出以外币计价的商品或者劳务、借入或者借出外币资金和其他以外币计价或者结算的交易。

外币核算的基本程序是：将外币金额采用交易发生日的即期汇率或即期汇率近似的汇率折算为记账本位币金额；期末将所有外币货币性项目的外币余额，按照期末即期汇率折算为记账本位币金额，并与原记账本位币金额相比较，其差额即为汇兑差额；结算外币货币性项目时，将其外币结算金额按照当日即期汇率折算为记账本位币金额，并与原记账本位币金额相比较，其差额记入“财务费用——汇兑差额”科目。

经典示例

一般纳税企业甲股份有限公司记载增值税如下，选择确定的记账本位币为人民币，其外币交易采用交易日即期汇率折算。20×× 年 × 月 × 日，当日的即期汇率为 1 美元 =7.6 元人民币，甲公司从美国乙公司购入 500 吨单价 4 000 美元/吨的某种工业原料，进口关税为 1 520 000 元，支付进口增值税 2 842 400 元。会计分录如下：

借：原材料 （500×4 000×7.6+1 520 000）16 720 000

应交税费——应交增值税　　2 842 400

贷：应付账款——乙公司（美元）　15 200 000

银行存款　　4 362 400

外币交易的会计处理是：

采用交易发生日即期汇率折算外币投入资本。实质上构成对境外经营投资的外币货币性项目。因汇率变动而产生的汇兑差额，计入处置当期损益。选用汇率，主要采用即期汇率。公允价值计量的外币非货币性项目计入当期损益。

以历史成本计量的，由于已经折算过，资产负债表日不应改变其原记账本位币金额，不产生汇兑差额。

外币核算的基本程序

外币核算

将外币金额采用交易发生日的即期汇率或即期汇率近似的汇率折算为记账本位币金额

期末，将所有外币货币性项目的外币余额，按照期末即期汇率折算为记账本位币金额，并与原记账本位币金额相比较，其差额即为汇兑差额

结算外币货币性项目时，将其外币结算金额按照当日即期汇率折算为记账本位币金额，并与原记账本位币金额相比较，其差额记入“财务费用——汇兑差额”科目

专家点评

跨国公司对国外附属公司和子公司要随时掌握资金运营信息，对跨国经营中大量外币业务，要进行会计核算的监督，在合并国外子公司财务报表时会遇到各国不同的会计准则和实务；另外国际投资的不断发展，外币业务和报表的折算都需要研究解决。

本位币的确定

关键词：本位币

本位币：是指企业经营所处的主要经济环境中的货币。

企业记账本位币的选定，应当考虑下列因素：

基本因素是收入和支出，辅助因素是融资。

一是从日常活动收入现金的角度看，所选择的货币能够对企业商品和劳务销售价格起主要作用，通常以该货币进行商品和劳务销售价格的计价和结算。

二是从日常活动支出现金的角度看，所选择的该货币能够影响商品和劳务所需人工、材料和其他费用，通常以该货币进行这些费用的计价和结算。

经典示例

货币资金中的非人民币现金（含银行存款）在人民币升值前，按升值前的汇率折算为人民币，在人民币升值后，则会产生汇兑损失；人民币现金（含银行存款），记账本位币在升值前由美元变更为人民币是把人民币还原为本来币种。

选定记账本位币时，关注的应是主要经济活动的货币而不是企业所在地的货币。企业所在地只是一个形式，我们关注的是业务的经济实质。

三是融资活动获得的资金以及保存从经营活动中收取款项时所使用的货币。

在确定企业的记账本位币时，上述因素的重要程度因企业具体情况而不同，需要企业管理部门根据实际情况进行判断。一般情况下，综合考虑前两项即可确定企业的记账本位币，第三项为参考因素，视其对企业收支现金的影响程度而定。在综合考虑前两项因素仍不能确定企业记账本位币的情况下，第三项因素对企业记账本位币的确定起重要作用。

需要强调的是，企业管理部门根据实际情况确定的记账本位币只有一种，该货币一经确定，不得改变，除非与确定记账本位币相关的企业经营所处的主要经济环境发生重大变化。

选定本位币应考虑的因素

所选择的货币能够对企业商品和劳务销售价格起主要作用

所选择的该货币能够影响商品和劳务所需人工、材料和其他费用

融资活动获得的资金以及保存从经营活动中收取款项时所使用的货币

专家点评

记账本位币一经选定，不得随意变更。只有当企业主要经营业务发生根本性变化等特殊情况下，在确有充分理由证明原有记账本位币已不再适应新的主营业务时，才能变更企业的记账本位币。而且必须在一个新的会计年度开始时变更。

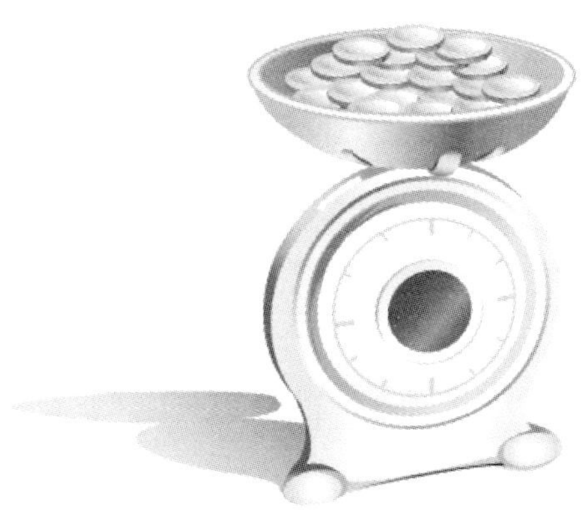

必须掌握的会计方法

会计方法是人们在长期的会计工作实践中，总结创立，并随着生产的发展，会计管理活动的复杂化而逐渐完善和提高的方法。它是指用来核算和监督会计对象，执行会计职能，实现会计目标的手段。如今，电算化在会计工作中的运用，电脑知识也成为会计基础知识的一部分，而如何报账，怎样处理旧账，进行账务总结，都有其方法及技巧。在会计核算中，正确地运用这些方法，能使会计工作事半功倍。

必备的电脑软件知识

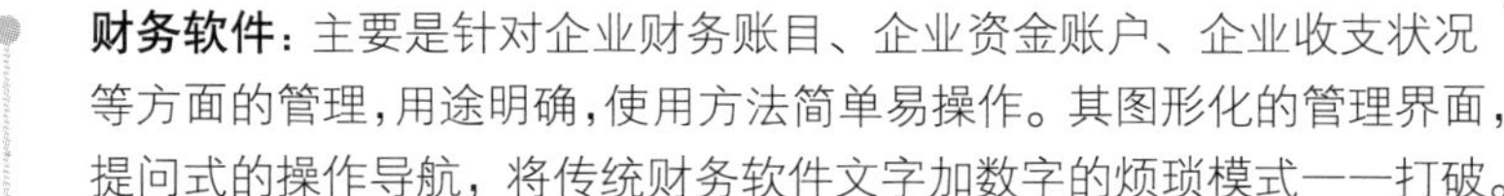

关键词：财务软件

财务软件：主要是针对企业财务账目、企业资金账户、企业收支状况等方面的管理，用途明确，使用方法简单易操作。其图形化的管理界面，提问式的操作导航，将传统财务软件文字加数字的烦琐模式一一打破。

当前，随着计算机运用的普及发展，会计电算化的推行，一些传统的计算工具已逐步被淘汰，计算机已广泛运用在财务工作的各个环节。因此，办公软件特别是财务软件的熟练操作，是会计人员应掌握的基本功。

办公软件是会计人员需要掌握的基本技能。

在实务操作中，Word 、Excel 、PowerPoint成为工作的主要工具。Word 是现代办公中使用最多的文字处理软件，满足对各种文档的处理要求；Excel电子表格发挥着极大的计算、排序、汇总

经典示例

20世纪80年代初期，微机开始得到较为普遍的应用。很多自主开发的简单的财务应用软件应运而生，在20世纪80年代中期达到了高潮，但这些财务软件周期长、成本高、质量低、格式不一、维护困难，很难进行大规模的推广。1989年财政部出台了针对财务软件的规定，使商品化财务软件拥有了更大的发展空间。进入21世纪以后，随着计算机硬件升级、软件技术提高、图形学的发展，财务软件的应用踏入了图形化管理的时代，让用户能够以更形象、更直观的方式进行企业的财务管理。

等功能，给会计的核算职能带来极大方便；利用PowerPoint可以创建展示演示文稿。

财务软件是财务人员重要的工作工具。

财务软件不仅提高了财务人员账务处理速度，优化了工作质量，同时还满足信息使用者查询、输出等需求，其信息量的扩充也是不可比拟的。财务软件的操作将计算机知识和财务专业知识融合在一起，财务人员必须了解和掌握财务软件，熟悉总账管理、库存管理、往来款管理、报表、固定资产管理等各个模块的具体操作。

会计人员必备的电脑软件

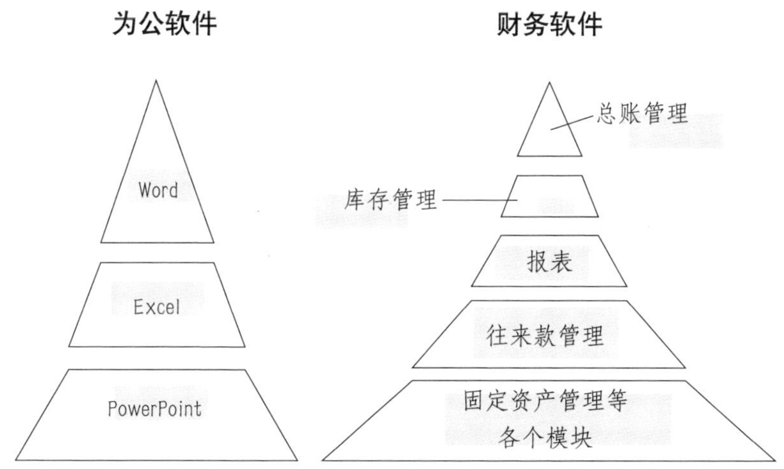

现在市面上的财会软件很多，不同公司用的不尽相同，但功能差异不大。可以熟悉一下财会软件，不过Office是一定要会的。

如何报账

****

关键词：常规报账

常规报账：对于报账，一般企业的常规做法是：报销单据报财务，初审合格后到总经理；总经理签字同意后交给会计，会计做记账凭证；由会计递交给报销人；报销人凭记账凭证给出纳报销；出纳记日记账；出纳付款；出纳把记账凭证返回给会计，会计登记明细账。

报账是会计处理程序的一个环节，这一程序的优点，是使会计和出纳能够相互监督，起到控制住资金的作用。但缺点也很明显，不但工作效率特别低，严重的甚至会影响到业务的开展，而且容易导致财务部和业务部产生矛盾。

经典示例

张某是某公司负责液氨采购的业务员，周某是公司负责运输液氨的，二人利用报账程序的不完善，共骗得公司财务共计926 543.2元。由周某从厂家运输出液氨，并倒卖给其他公司，张某负责搞假单据，到公司财务报账，从中套取货款及运费。其中，两人采取此方法，骗得公司10车共净重276. 74吨的液氨及运费，总计620 605.4元；张某还单独采取伪造单据的方法，骗得公司4车净重125吨的液氨及运费，共计305 937.8元。其行为均已构成贪污罪。

为了达到控制住资金的目的，同时提高工作效率，新的报账程序是：

1.发票等粘贴《报销审批单》后，先由部门经理或主管签字，再到财务，会计初审，合格后，财务经理复核签字，再到总经理，总经理签字后，直接到出纳，出纳付款。

2.出纳付款后，直接根据《报销审批单》登记日记账（也就是流水账，这个不需要会计科目的）。出纳登账可以在报销完毕时登，也可以在没有其他业务比较空闲时集中登。一般要求每天下班前登记完毕，方便第二天报出资金日报表。

3.出纳一周或半月一次，把单据传递给会计。会计填制记账凭证，进行账务处理（出纳传递前，在单据右上角自己编一个出纳流水号，方便和会计交接和查找）。

4.月末，会计用现金明细账或和银行明细账的余额与出纳的现金和银行存款日记账的余额进行核对，核对不一致，就对查错在哪一笔（有时会计错，有时出纳错，不过会计错的时候多）。

5.核对一致后，会计还要负责核对银行对账单的余额，目的是监督出纳。

新的报账程序

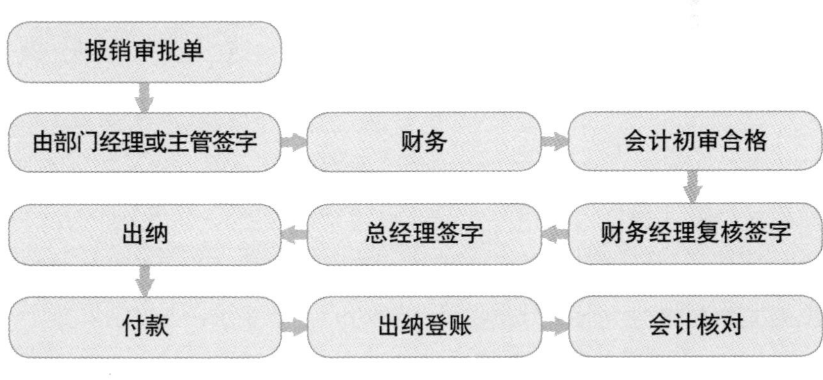

专家点评

科学合理的报账程序，不但能减轻会计人员的工作量，而且能减少许多利用职务之便骗取公司财产的不法行为的发生。

票据的整理

****

关键词：票据

票据：广义上说，票据包括股票、国库券、企业债券、发票、提单等各种有价证券和凭证；狭义上的票据则仅指《票据法》上规定的票据。

对于一个公司而言，每天都有新的票据产生，也有很多旧的票据逐渐失效，日积月累越来越多，如何整理票据，让其不占用空间且方便查找是有固定技巧的。

经典示例

2010 年全国商业银行腾挪信贷，通过票据业务隐匿的信贷规模可能超过 3 万亿，银监局向辖区内商业银行全面叫停“逃规模”所做的不规范的票据业务。

在日常报销工作中，经常发现有一些票据粘贴得不规范，例如一张纸上粘贴的票据太多、太乱、正反颠倒、很不整齐，或者是把票据粘贴在报纸上，这些都给会计报销的后续工作（会计合计金额、稽核、装订、会计档案保管等）带来很大的不便，尤其是耽误报销者的时间，下面是票据整理、粘贴的一些要求：

1. 分开需要粘贴的票据和不需要粘贴的票据。以北京市定额发票（如餐费的发票）为标准，此类发票及比此类发票大者不需要粘贴，只需整理整齐，用大头针、曲别针、夹子固定即可；比此类发票小者必须粘贴。

2. 将需要粘贴和不需要粘贴的票据分别分类，同类票据（如

餐费类、出租车票类等）应集中在一起。

3．粘贴票据的纸张大小：B5纸的二分之一，应用结实的白纸（使用过的纸亦可，外露部分应保持洁白），不要用报纸或比较薄的信纸粘贴，粘贴在其上的票据不能超出该纸张的范围。

4．粘贴要求：粘贴在一张纸上的所有票据统一按上下、左右起止的顺序均匀粘贴，确保粘贴后依然平整。

5．粘贴在一张纸上的所有票据作为一张附件计算，并将合计金额写在右下角。

注意

用订书机订票据

将票据颠倒放置、粘贴

粘贴不规范的票据

用固体胶棒粘贴票据

专家点评

票据规范是财务管理规范化的基础，有时在审核公司财务时，经常会发现有些格式很不正规，但内容事实却合情合理、千真万确的单据，而有些看似很规范的票据，其内容却有弄虚作假之嫌。因此，当务之急是使财务票据能够表里一致地合法、规范起来。

更正账簿中的错误

关键词：红字更正法

红字更正法：在记账以后，如果在当年内发现记账凭证所记的科目或金额有错时，可以采用红字填制一张与原错误完全相同的记账凭证入账，冲销原有的错误记录，再用蓝字填制一张正确的记账凭证，这样就把原来的差错更正过来。

经典示例

账簿中如果出现错误，可能会给公司造成巨大的损失。刚进入厦门某合金公司的新会计小吴由于公司业务还不太熟悉，一个不小心将小数点写错，将公司的进项抵扣税655万元写为65.5万元，将当月应纳税款填为537万元，如果按照这个税额缴纳，公司将损失数百万元。好在国税分局的工作人员在核对收入时，发现异常，及时处理，纠正了该公司会计的错误，避免了重大损失。

会计更正账簿中的错误主要有划线更正法、红字更正法和补充登记法三种方法。

划线更正法。适用于结账前，发现文字或数字错误时，在记账凭证没有错误的情况下，采用划线更正法。更正时，可在错误的文字或数字上划一条红线，在红线的上方填写正确的文字或数字，并由记账及相关人员在更正处盖章。尤其需要注意的是，错误的数字应全部划红线更正，不能只更正其中的错误数字，而文字错误可只划去错误的部分。

红字更正法。适用于记账后，当年内发现记账凭证所记的会计

科目错误，或者会计科目无误而所记金额大于应记金额，从而引起记账错误。

补充登记法。适用于记账后，如发现记账凭证填写的会计科目无误，但所记金额小于应记金额时。按少记的金额用蓝字编制一张与原记账凭证应借、应贷科目完全相同的记账凭证，以补充少记的金额，并据以记账。

划线更正法的正确用法：

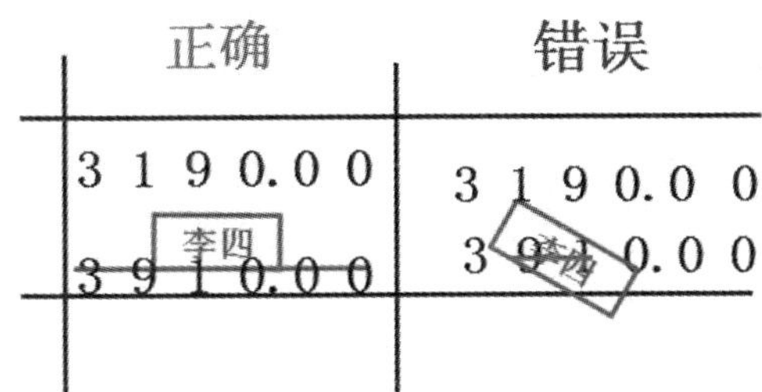

更正账簿中的错误

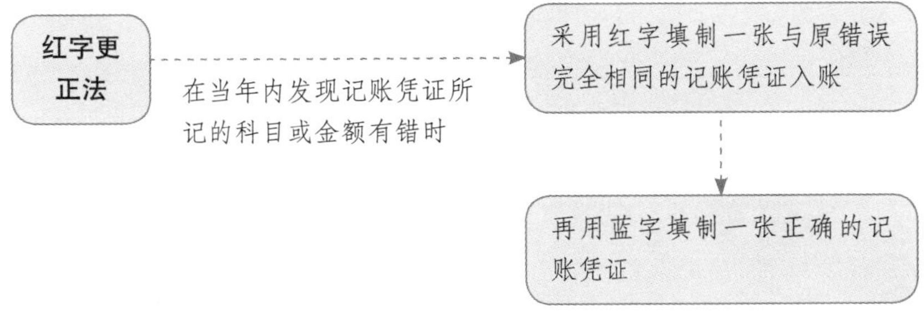

发现账簿记录有错误的时候，也不能随意涂改、挖补或用化学试剂消除字迹，应按规定的方法进行更正。

会计档案的归档

关键词：会计档案

会计档案：指形成的会计凭证、会计账簿、财务报告等会计核算专业材料及银行存款余额调节表、银行对账单。而公司的经费预算、财务收支计划、调资定级、财务制度，财务政策管理文件材料，不属于会计档案。

会计档案移交清册，会计档案销毁清册，会计档案案卷目录，归入全宗卷。

会计档案共分为会计凭证类、会计账簿类、财务报告类、其他类（主要包括银行存款余额调节表、银行对账单，以及其他应当保存的会计核算专业材料）四类。其保管期限分为永久、定期两种，年限分别为5年、25年。

经典示例

2010~2019年，李某在担任某县公安交通警察大队大队长期间，利用职务之便，指使财务人员王某销毁会计凭证、会计账簿贪污公款20万元，最后法院一审以故意销毁会计档案罪判处李某有期徒刑二年。

公司内部的财务决算报告、税收年报（决算）、财政总预算等为永久保管的会计档案。但其他的会计凭证、会计账簿、财务报告等均属定期保管。

有已采用磁带、磁盘、光盘、微缩胶片等介质存储会计账簿、报表的，除将纸介质上的账簿、报表为主要会计档案打印保存外，

在其他介质上保存的会计凭证、账簿、报表也应视作会计档案。其保管期限与纸介质的同类档案相同。对于因升级换版、新购而停止使用的会计核算软件系统，应作为会计档案永久保存。

定期保管档案

企业和其他组织会计档案保管期限表

序号	档案名称	保管期限	备注
一	会计凭证		
1	原始凭证	30年	
2	记账凭证	30年	
二	会计账簿		
3	总账	30年	
4	明细账	30年	
5	日记账	30年	
6	固定资产卡片		固定资产报废清理后保管5年
7	其他辅助性账簿	30年	
三	财务会计报告		
8	月度、季度、半年度财务会计报告	10年	
9	年度财务会计报告	永久	
四	其他会计资料		
10	银行存款余额调节表	10年	
11	银行对账单	10年	
12	纳税申报表	10年	
13	会计档案移交清册	30年	
14	会计档案保管清册	永久	
15	会计档案销毁清册	永久	
16	会计档案鉴定意见书	永久	

财政点预算、行政事业单位和税收会计档案保管期限表

序号	档案名称	保管期限			备　注
		财政总预算	行政事业单位	税收会计	
一	会计凭证类				
1	国家金库编送的各种报表及缴库退库凭证	10年		10年	
2	各收入机关编送的报表	10年			
3	行政单位和事业单位的各种会计凭证		30年		包括：原始凭证、记账凭证和传票汇总表
4	财政总预算拨款凭证和其他会计凭证	30年			包括：拨款凭证和其他会计凭证
二	会计账簿				
5	日记账		30年	30年	
6	总账	30年	30年	30年	
7	税收日记账（总账）			30年	
8	明细分类、分户账或登记簿	30年	30年	30年	
9	行政单位和事业单位固定资产卡片				固定资产报废清理后保管5年
三	财务会计报告				
10	政府综合财务报告	永久			下级财政、本级部门和单位报送的保管2年
11	部门财务报告		永久		所属单位报送的保管2年

12	财政总决算	永久			下级财政、本级部门和单位报送的保管2年
13	部门决算		永久		所属单位报送的保管2年
14	税收年报（决算）			永久	
15	国家金库年报（决算）	10年			
16	基本建设拨、贷款年报（决算）	10年			
17	行政单位和事业单位会计月、季度报表		10年		所属单位报送的保管2年
18	税收会计报表			10年	所属税务机关报送的保管2年
四	其他会计资料				
19	银行存款余额调节表	10年	10年		
20	银行对账单	10年	10年	10年	
21	会计档案移交清册	30年	30年	30年	
22	会计档案保管清册	永久	永久	永久	
23	会计档案销毁清册	永久	永久	永久	
24	会计档案鉴定意见书	永久	永久	永久	
24	会计档案销毁清册	永久	永久	永久	

注：税务机关的税务经费会计档案保管期限，按行政单位会计档案保管期限规定办理。

专家点评

《公司法》相关条款明确规定，公司应当依照法律、行政法规和国务院财政主管部门的规定建立财务、会计制度。因此，建立健全公司财务制度，依法保存会计凭证、会计账簿或财务会计报告，才能让股东和社会公众全面了解公司经营效益的好坏以及公司的偿债能力和经营实际情况，使债权人的合法权益得到维护。

会计档案的整理

关键词：会计档案整理

会计档案整理：会计档案的整理就是通过分类、组卷、排序、编目等工作使会计档案有序化的过程。

会计档案的整理包括会计凭证的整理、会计账簿的整理、财务报告的整理、会计其他类的整理以及类似财务报告的整理。

会计凭证的整理：凭证按月、按记账分类和编号顺序进行整理。折叠整齐，加具凭证封面，装订成卷（每卷厚度不超过2.5厘米）。

经典示例

20××年，A村与B村实行地方行政村合并。合并后，村里的几个会计员，或离开了会计岗位，或担任合并后的村会计。会计档案出现了无人管理的情况，致使资料散乱、丢失，上级机关再需要查找原始凭证的时候如同大海捞针。

会计账簿整理：按照账簿种类整理立卷。

财务报告的整理：对财务报告的整理，应分不同保管期限，分别立卷。其步骤为：

1.按文书立卷的方法填写卷内目录，写明每种财务报告的名称、页号，并按要求填写备考表。

2.装订。装订的顺序为：卷内目录→卷内文件→备考表。

3.加制财务报告封面。封面设置单位名称、题名、保管期限、年度、案卷号、件数、页数等项目。单位名称填写全称或规范简

称；题名填写财务决算或会计月、季报表；保管期限填写5年、10年或永久；年度、案卷号、件数、页数均用阿拉伯数字填写。

在实际会计档案归档以及管理过程中，经常会遇到调阅查询会计档案速度慢，整理会计档案费时、费力，效率低的问题，新会计档案管理人员尤其如此。因此要提前做好准备工作，编制简单实用的检索工具，按流程整理归档会计档案，会使整理速度快上许多。

会计报表整理步骤

财务报告的整理

1. 按文书立卷的方法填写卷内目录，写明每种财务报告的名称、页号，并按要求填写备考表

2. 装订。装订的顺序为：卷内目录→卷内文件→备考表

3. 加制财务报告封面。封面设置单位名称、题名、保管期限、年度、案卷号、件数、页数等项目。单位名称填写全称或规范简称；题名填写财务决算或会计月、季报表；保管期限填写5年、10年或永久；年度、案卷号、件数、页数均用阿拉伯数字填写

专家点评

通过会计档案，可以了解每项经济业务的来龙去脉，检查一个单位是否遵守财经纪律，可以为国家、单位提供详尽的经济资料，因此会计档案的整理非常重要。

会计账簿的更换和保管

****

关键词：会计账簿的更换 会计账簿的保管

会计账簿的更换：通常在新会计年度建账时进行，一般总账、日记账和多数明细账应每年更换一次。备查账簿（辅助账簿）可以连续使用。

会计账簿的保管：年终时，各种账户在结转下年、建立新账后，一般都要把旧账送交总账会计集中统一管理。会计账簿暂由公司的财务会计部门保管1年，期满之后，由财务会计部门编造清册移交公司档案部门保管。

总账、日记账、明细账在年终更换新账簿时，需将各账户的余额结转到新的年度，即在新年度的会计账簿中的第一行余额栏内填上年结转的余额，并注明进出方向，同时在摘要栏内注明“上年结转”字样。但那些变动较小的明细账可以连续使用，不必每年更换，如固定资产明细账。

经典示例

深圳某实业有限公司是私营有限责任公司，为增值税小规模纳税人。20××年6月，因会计人员疏忽，导致部分财务资料遗失，该公司随后在媒体刊登启事，声明相关财务资料作废。深圳某区国家税务局某税务分局在核实后，根据《中华人民共和国税收征收管理法》第60条规定，对该公司处以罚款800元的处罚。

会计账簿的保管期限如下：

1.总账 30年

会计账簿的保管期限

2.明细账 30年

3.日记账 30年

4.固定资产卡片（ 报废清理后保管5年）

5.辅助账簿 30年

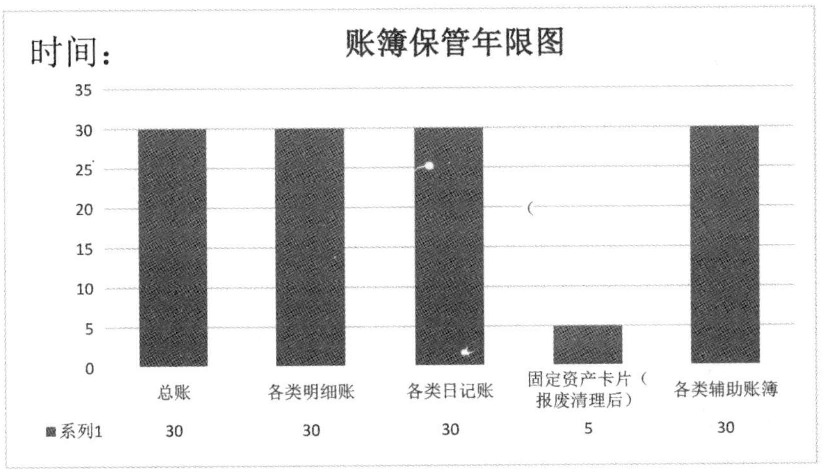

会计账簿是一个企业或单位的重要经济资料，必须建立科学的管理制度，及时更换，妥善保管。

专家点评

根据《中华人民共和国税收征收管理法》第60条规定：“未按规定设置、保管账册或者保管记账凭证和有关资料的，由税务机关责令限期改正，可以处2 000元以下罚款；情节严重的，处2 000元以上，10 000元以下的罚款。”纳税人必须依照税务主管部门的规定设置账簿，并妥善保管相关账务资料。

积年旧账的整理

****

关键词：账务清理

账务清理：是指全面核对和清理企业的各种银行账户、会计核算科目、各类库存现金和有价证券等基本财务情况，以及全面核对和清理企业的各项内部资金往来，以保证企业账账相符，账证相符，促进企业账务的全面、准确和真实。

经典示例

某著名发廊造假，旧账难清。20××年2月，公司资产存在重大不实；20××~20××年两年间，公司未真实及时披露关联企业占用资金的情况；20××~20××年4年的年报资产状况的披露存在重大虚假记载，20××年中报提前确认主营业务收入1 225万元，但年报告的虚假记载利润为1 715.81万元。20××年5月，其公司流通股为26 335.4万股，股东人数为4万左右，根据股价落差及流通股数推算，股民受损金额可能高达数亿元。

积年旧账的整理即账务清理，包括对企业几个方面的全面清理：1.现金盘点；2.银行存款；3.有价证券；4.暂付款、应收账款、预付账款、其他应收款；5.材料（库存材料）、产成品；6.固定资产明细账；7.应缴预算款、应缴财政专户款；8.固定基金；9.暂存款、应付账款、预收账款、其他应付款；10.结余、经营结余、事业结余。主要是对现金盘点，暂付款、应收账款、预付账款、其他应收款，应缴预算款、应缴财政专户款的整理：

现金盘点。检查现金日记账、总账及会计报表现金项目，核对余额是否相符；盘点清查日实有库存现金；将原账面数与盘点数比

较，有错补错；充抵库存现金的借条、未提现金支票等，在清查表中备注说明；检查非记账本位币的现金采用的折算汇率是否正确。

暂付款、应收账款、预付账款、其他应收款。检查明细账、总账数及会计报表数，核对余额是否相符、方向是否正确。

应缴预算款、应缴财政专户款。检查应缴预算款的明细账、总账数及会计报表数余额，并核对相符；将原账面数与收款收据合计数或一般缴款数比较；非属于账务处理错误的，为清查变动数。

暂存款、应付账款、预收账款、其他应付款。检查明细账、总账数及会计报表数，核对余额是否相符、方向是否正确。

账务清理包括哪些方面

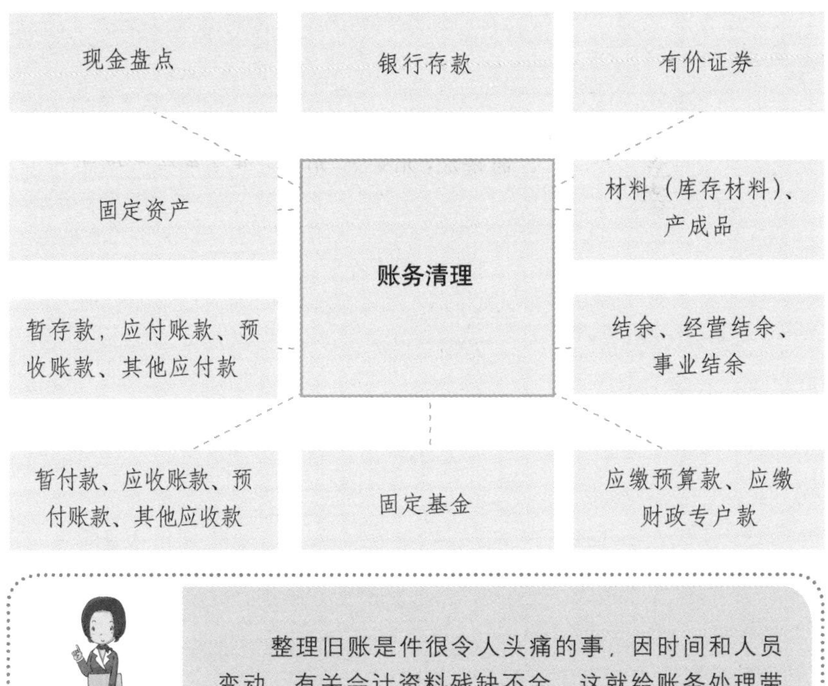

专家点评

整理旧账是件很令人头痛的事，因时间和人员变动，有关会计资料残缺不全，这就给账务处理带来极大的困难。

如何接手模糊账务

****

关键词：对账

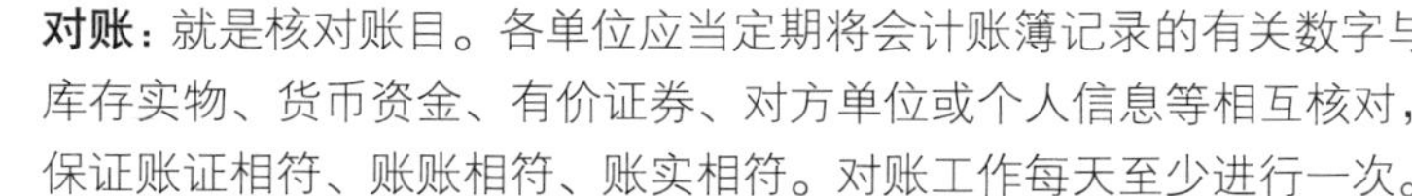

对账：就是核对账目。各单位应当定期将会计账簿记录的有关数字与库存实物、货币资金、有价证券、对方单位或个人信息等相互核对，保证账证相符、账账相符、账实相符。对账工作每天至少进行一次。

面对模糊账务，主要就是要做好对账工作，对账应从以下几个方面入手：

1.账证核对。将账簿记录与会计凭证核对，这是保证账账相符，账实相符的基础。账证核对工作，平常是通过编制凭证和记账中的“复核”环节进行的，核对会计账簿记录与原始凭证，记账凭证的时间、凭证字号、内容、金额是否一致，记账方向是否相符。

经典示例

江苏某塑钢包装公司会计在核对公司账目时，发现公司账目不对，公司在甘肃金塔县的仓库内出现大量货物短缺。后经过立案稽查，发现是仓库保管员张某将公司货物变卖，变卖所得财产共计 20.4 万元。后张某被公安经侦大队逮捕，公司派人和张某一同到金塔县对账，采取与购货单位补签合同的形式将 130 余万元货款一一落实到位。

2.账账核对。核对不同会计账簿记录是否相符。包括总账有关账户的余额核对，总账与明细账核对，总账与日记账核对，会计部门的财产物资明细账与财产物资保管和使用部门的有关明细账核对等。

3.账实核对。核对会计账簿记录与财产等实有数额是否相符。包括现金日记账账面余额与现金实际库存数核对，银行存款日记账账面余额与银行对账单核对，各种财务明细账账面余额与财物实存数额核对，各种应收、应付款明细账账面余额与对方有关债务、债权核对等。

4.账表相符。核对会计账簿记录与会计报表有关内容。由于会计报表是根据会计账簿记录及有关资料编制的，两者之间存在着相对应的关系，检查会计报表各项目的数据与会计账簿有关数据是否一致，能够确保会计信息的质量。保证账表相符，同样也是会计核算的基本要求。

对账的目的是为了保证账簿记录的真实、准确。

对账应从以下几个方面入手

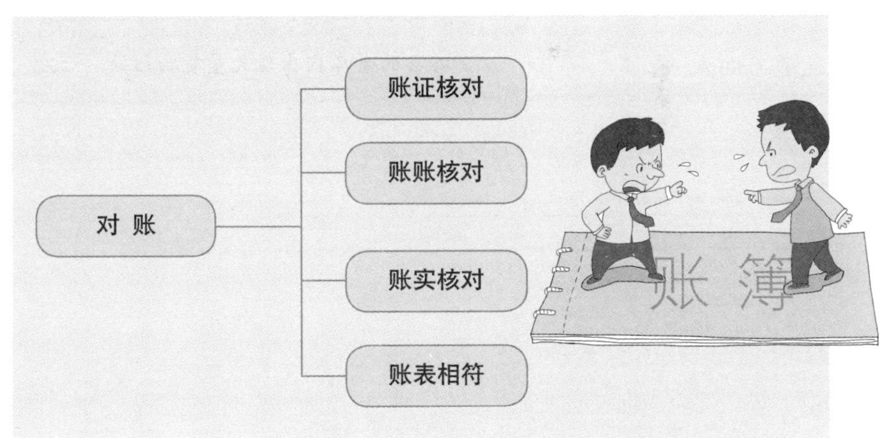

专家点评

企业每月对账款，对企业财产进行安全度分析，能够及时追讨有潜在风险的债务，最大限度地减少企业经济损失。

账务总结

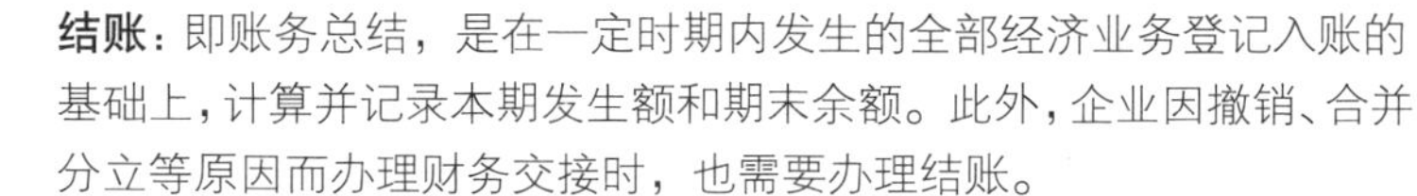

关键词：结账

结账：即账务总结，是在一定时期内发生的全部经济业务登记入账的基础上，计算并记录本期发生额和期末余额。此外，企业因撤销、合并、分立等原因而办理财务交接时，也需要办理结账。

由于企业的经济活动是连续不断的，为了总结每一会计期间（月份、季度、年度）的经济活动情况，考核企业的经营成果，编制会计报表，就必须在每一会计期末进行结账。

经典示例

20××年×月×日，广州某贸易公司会计刘某，在月末结账时，将“应收账款”的总金额768 000元写成了268 000元，造成50万元的错账。因当月公司效益很好，财务人员没有发现这笔不翼而飞的巨款，直到年末查账时才发现，但公司的财产损失已经造成，追回账款需要付出极大的努力。

会计在结账中必须遵守固定的程序：

1．结账前，检查本期内日常发生的经济业务是否已全部登记入账，若发现漏账、错账，应及时补记更正。

2．结账时，应当结出每个账户的期末余额。需要结出当月发生额的应当在摘要栏内注明“本月合计”字样，并在下面通栏划单红线。需要结出本年累计发生额的，应当在摘要栏内注明“本年累计”字样，并在下面通栏划单红线。12月末的“本年累计”就是全年累计发生额，全年累计发生额下应当通栏划双红线。年度终了结账时，所有总账账户都应当结出全年发生额和年末余额。

结账时要对账目进行分析：

（1）营业收入与上一期间对比分析；

（2）成本费用分析与控制情况分析；

（3）利润分析与上一期间对比分析；

（4）重大财务决策分析（包括预期收入与利润分析）；

（5）员工福利情况报告（包括发生的福利费用情况和预期福利待遇情况）；

（6）其他应说明的情况。

结账时的账目分析

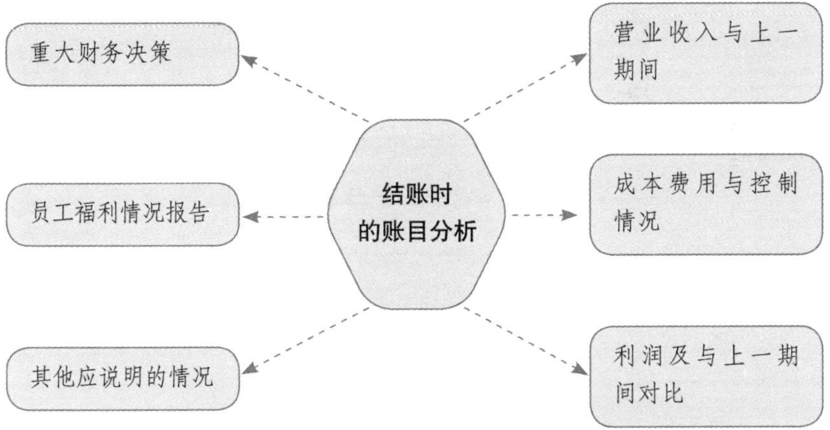

专家点评

根据企业的具体情况，看是需要先对账还是先结账，理论上应该是先进行结账再进行核对，但是如果发生错误，已经结账完成的更改起来比较麻烦，也会影响到账簿的美观。因此，可以先在底稿上进行预结账，计算出所涉及的合计数与余额，并且核对，在对账完成后再进行正式的结账。

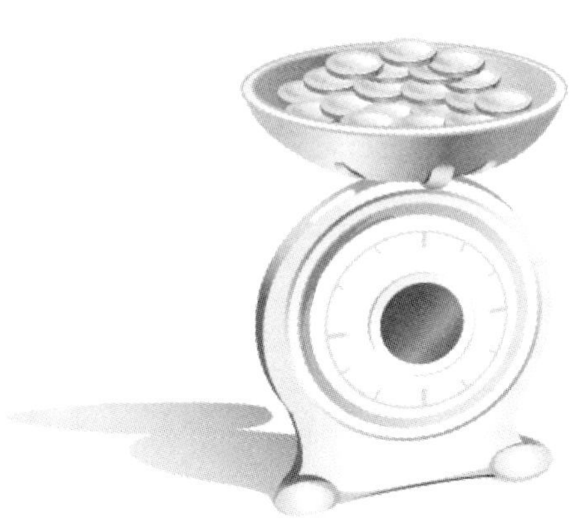

第6章

处理会计报表

在会计报表中，隐藏着企业内部一些丰富的信息资源，这些信息资源若过于透明化，那么全部的商业机密就会被竞争对手轻而易举地获悉。也就是说，会计报表与企业的生死存亡息息相关。然而，有很多企业对于自身的财务状况没有做出正确的分析与处理，不能及时地发现问题，导致问题逐渐严重、恶化，使企业病入膏肓。

会计报表是公司最基本的商业机密

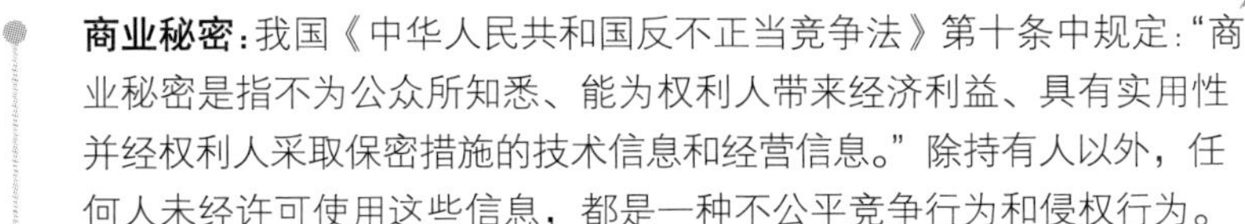

关键词：商业秘密

商业秘密：我国《中华人民共和国反不正当竞争法》第十条中规定："商业秘密是指不为公众所知悉、能为权利人带来经济利益、具有实用性并经权利人采取保密措施的技术信息和经营信息。"除持有人以外，任何人未经许可使用这些信息，都是一种不公平竞争行为和侵权行为。

会计报表内外有别。内部会计报表，如反映产品成本的报表和反映详细情况明细表等，是送给编表单位内部人员，满足本单位经营管理需要的。一些附属报表也都属于内部报表，要避免被外界知晓。对外会计报表，如企业报送给财税机关、开户银行、主管单位或部门的资产负债表、损益表等会计报表等，是给企业外部有关方面，满足外部报表使用者管理或决策需要的会计报表。

经典示例

某电子公司会计赵某工作能力强，且努力钻研业务，经常向公司积极提出合理化建议，多次被公司评为先进会计工作者。她的丈夫是一家私有电子企业的总经理，在其丈夫的多次请求下，赵某将自己在工作中接触到的公司新产品研发计划及相关会计资料复印件交给了丈夫，给公司带来数十万的损失，而她也被开除并吊销会计师执照。

会计报表对企业内外有以下三种作用：

1.报表的资产项目，代表着企业所拥有的各种经济资源及其分布情况。

2.报表的负债项目，对企业所负担债务的不同偿还期限有清晰的记录，可因此判断出企业是否面临有财务风险。

3.所有者权益项目，显示着企业投资者对本企业资产所持有的权益份额，可因此对企业财务实力进行全面了解。

会计报表的内外之别

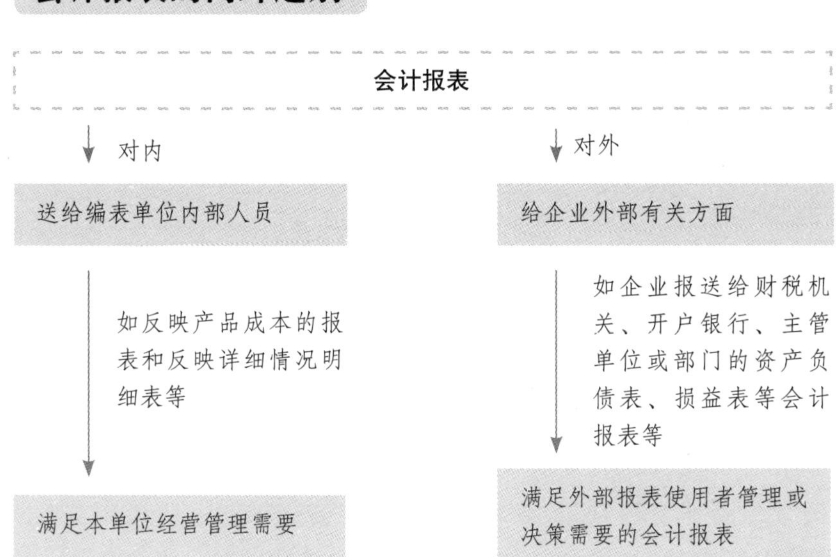

会计报表一方面反映着企业财务状况的来龙去脉，另一方面也反映着企业经营的综合状况，同时也属于商业机密的一部分。虽然会计报表是企业基本的商业机密，但却也是不容忽视的一项。一旦企业有关数据外漏，那么就会给企业本身带去不良影响。

专家点评

对任何一家公司而言，会计报表都属于公司的商业机密，尤其是对内的会计报表，它能详细地反映公司的财务状况及经营情况，属于公司的秘密。这就像没有人会真正把自己到底有多少财产大摇大摆地告诉别人一样。

收入概述

关键词：收入

收入：是指企业在销售商品、提供劳务及让渡资产使用权等日常活动中所形成的经济利益的总流入，包括销售商品、提供劳务、让渡资产使用权（如利息、租金）。

在日常活动中产生的（如主营业务收入）；收入发生的结果有资产的增加、负债的减少或两者兼而有之；收入的发生一定会导致所有者权益增加；只包括本企业经济利益的流入，不包括为第三方代收款项。

经典示例

西方三大定律之一的墨菲定律就有关于收入的记载。内容是：收入积累都没有表面看起来那么简单；所有的事都会比预计的时间长；投资会出错的事总会出错；如果担心某种情况发生，那么它就一定会发生。

收入分为主营业务收入和其他业务收入。前者来自企业为完成其经营目标而从事的日常活动中的主要项目，如工商企业的销售商品、银行的贷款和办理结算等。后者来自主营业务以外的其他日常活动，如工业企业销售材料，提供非工业性劳务等。

按照企业从事日常活动的性质划分，收入可分为销售商品收入、提供劳务收入、过渡资产使用权收入、建造合同收入等；按照企业从事日常活动在企业的重要性划分，收入可分为主营业务收入、其他业务收入等。

收入的特征

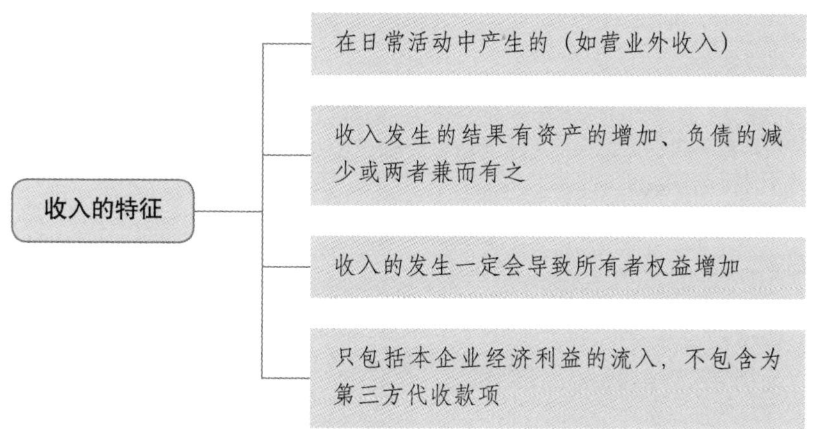

不管是来源于哪个方面的收入，都要按照收入的原则确认，其基本原则如下：

1.企业已将商品所有权上的主要风险和报酬转移给购货方。

2.企业既没有保留通常与所有权相联系的继续管理权，也没有对已售出的商品实施控制。

3.与交易相关的经济利益很可能流入企业。

4.相关的收入和成本能够可靠地计量。

5.以实收资本为最低数额，以资产和负债总计为最高额。

专家点评

收入是指企业在日常活动中的经济利益的总流入，企业代第三方收取的款项，是负债处理，不应当确认为收入。

费用概述

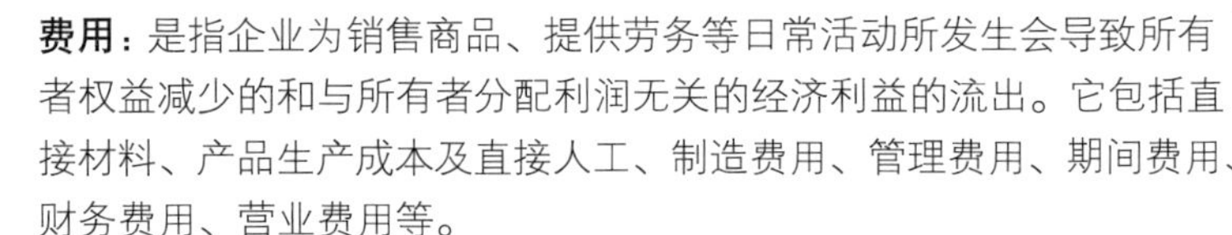

关键词：费用

费用：是指企业为销售商品、提供劳务等日常活动所发生会导致所有者权益减少的和与所有者分配利润无关的经济利益的流出。它包括直接材料、产品生产成本及直接人工、制造费用、管理费用、期间费用、财务费用、营业费用等。

经典示例

某企业的行政部在8月份共产生费用224 000元，其中：行政人员薪酬150 000元，报销行政人员差旅费21 000元，行政部专用办公设备折旧费40 000元，其他办公、水电费均用银行存款支付，共计13 000元。会计处理如下：

借：管理费用 224 000

贷：应付职工薪酬 150 000

累计折旧 40 000

银行存款 13 000

库存现金 21 000

财务费用按照经济用途分类，可划分为生产成本和期间费用两类。生产成本，是指与生产产品直接有关的费用，包括直接材料、直接人工、制造费用等，这些费用应计入产品成本，并从产品的销售收入中得到补偿。期间费用，指与生产产品无直接关系，属于某一时期的费用。小企业的期间费用包括销售费用、管理费用和财务费用。

费用按经济用途进行分类，能够明确地反映出直接用了多少金额于产品生产上的材料费用、工资费用以及组织管理活动中的各项支出，从而有助于企业了解各种费用计划、定额、预算等的执行情况，提高企业的成本与费用控制水平。

费用按照其经济内容进行分类，可以分为劳动对象方面的费用、劳动手段方面的费用和活劳动方面的费用三大类。这种分类能反映企业在一定时期内发生了哪些生产费用、有多少金额，以便于分析企业所发生的各个时期的费用在整个费用所占的比重，进而分析企业各个时期各种要素费用支出的水平，有利于考核费用计划的执行情况。

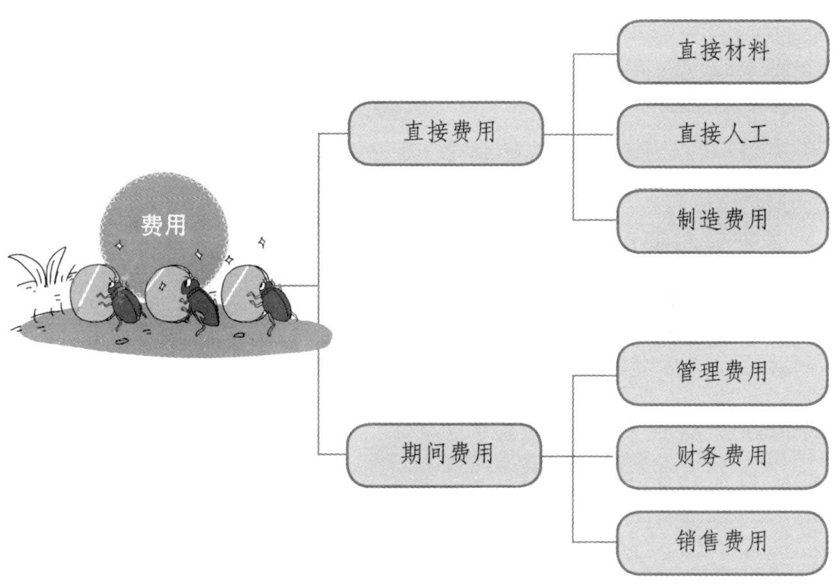

专家点评

费用是企业在日常生产经营活动中的经济利益流出，而非从偶发的交易或事项中发生的经济利益的流出，这是费用与损失最关键的区别。

公司利润分析

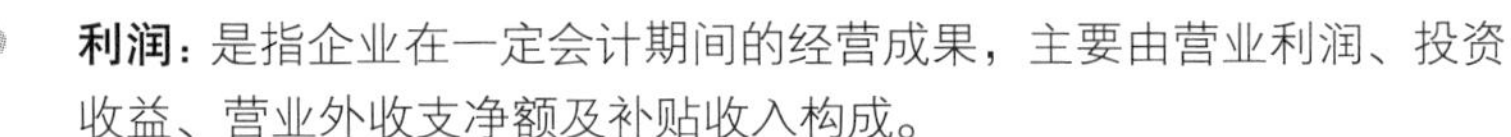

关键词：利润

利润：是指企业在一定会计期间的经营成果，主要由营业利润、投资收益、营业外收支净额及补贴收入构成。

营业利润是指公司主营业务生产经营活动产生的利润，来源于资产负债表中除长短期投资以外的所有投资，是一家公司未来发展的根本所在；投资收益则是公司对外投资活动的成果，来源于公司资产负债表中的长、短期投资。一般来说，它只是暂时闲置资金的利用，并不是公司利润的主要源泉；而营业外收支净额及补贴收入，则是与公司生产经营及对外投资活动均无关系的收益，完全是偶发的收益。

经典示例

世界著名股神巴菲特一直强调，买股票就是买公司，拥有一家公司首先要研究一下这家公司的盈利能力，要对公司利润进行分析。巴菲特曾花很长的时间分析跟踪可口可乐公司的报表，在1988年和1989年买入10亿美元的可口可乐股票。持有9年之后他还在跟踪研究。

利润反映的是收入减去支出的所得，其确认主要依赖于收入和费用以及利得和损失的确认，其金额的确定也主要取决于收入、费用、利得、损失金额的计量。

利润=收入－费用

利润分析的目的是在分析利润变动的基础上，从市场、生产、经营及管理等影响利润形成的各相关环节入手，来发现导致利润变动的原因，进而判断企业盈利能力的未来变动趋势。

利润分析主要包括三个方面：

通过对利润总量上的形成和结构分析，确定影响利润形成的基本因素，并以此作为切入点进行深入分析；

以多步式利润表为依据，找到最终影响企业财务成果变动的主要原因；

从企业经营的基本环节，来判断引起利润变动的经营行为因素，并以此作为企业改进经营管理方式的依据。

利润分析包括哪几个方面

利润分析

- 通过对利润总量上的形成和结构分析，确定影响利润形成的基本因素，并以此作为切入点进行深入分析
- 以多步式利润表为依据，找到最终影响企业财务成果变动的主要原因
- 从企业经营的基本环节，来判断引起利润变动的经营行为因素，并以此作为企业改进经营管理方式的依据

专家点评

巴菲特花费漫长的时间和巨大的精力分析利润表，不仅从历史数据推测它的未来盈利情况，还透过利润表数据背后的业务和管理真相，分析过去10年甚至更久的竞争优势和盈利能力如何变化，在此基础上预测这家公司未来10年盈利能够保持在什么样的水平，以判断是否值得投资。

无形资产估计

关键词：无形资产 无形资产估计

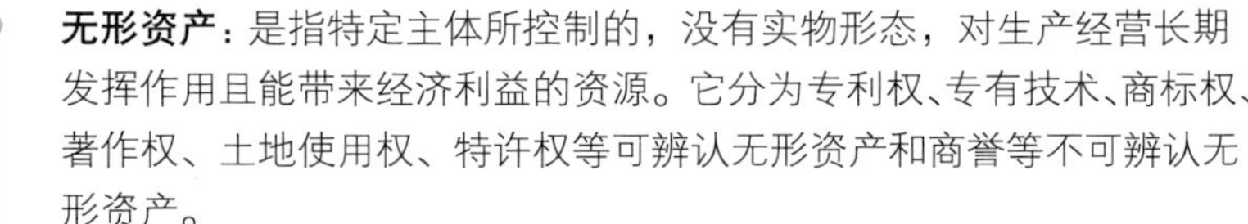

无形资产：是指特定主体所控制的，没有实物形态，对生产经营长期发挥作用且能带来经济利益的资源。它分为专利权、专有技术、商标权、著作权、土地使用权、特许权等可辨认无形资产和商誉等不可辨认无形资产。

无形资产估计：对品牌、商标等无形资产的评估是根据特定目的，运用适当方法，遵循公允、法定标准和规程，对商标进行确认、计价和报告，为资产业务提供价值尺度的行为。

在进行融资前，企业就必须进行无形资产评估。其作用主要为：

1.利用无形资产进行质押贷款（商标权、专利、版权等质押贷款）、工商注册、增资扩股、参资入股、许可使用、转让、租赁承包、清算拍卖等；

经典示例

2018 年 6 月 20 日，World Brand Lab（世界品牌实验室）发布了 2018 年《中国 500 最具价值品牌》分析报告。在这份年度报告中，国家电网以 4065.69 亿元的品牌价值荣登本年度最具价值品牌榜首。榜单前五当中的其余四个品牌分别为：腾讯（4028.45 亿元）、海尔（3502.78 亿元）、工商银行（3345.61 亿元）、中国人寿（3253.72 亿元）。

2.提高品牌知名度，外展企业实力，增强凝聚力；

3.企业利用无形资产的运作与国际标准接轨，进而打入国际市场；

4.保护知识产权，为企业打假、侵权、诉讼提供索赔依据；

5.通过评估摸清家底，为经营者提供管理信息，合理配置资源；

6.项目融资、合资合作、企业兼并、收购、吸引投资；

7.无形资产可以增加注册资本金，而且可以占注册资本的70%；

8.无形资产还可以按照规定年限税前摊销。

无形资产评估的作用

1 利用无形资产进行质押贷款、工商注册、增资扩股、参资入股、许可使用、转让、租赁承包、清算拍卖等	5 通过评估摸清家底，为经营者提供管理信息合理配置资源
2 提高品牌知名度，外展企业实力，增强凝聚力	6 项目融资、合资合作、企业兼并、收购、吸引投资
3 企业利用无形资产的运作与国际标准接轨，进而打入国际市场	7 无形资产可以增加注册资本金，而且可以占注册资本的70%
4 保护知识产权，为企业打假、侵权、诉讼提供索赔依据	8 无形资产还可以按照规定年限税前摊销

专家点评

世界上著名的大企业无不在无形资产上具有优势。它们的无形资产有几十亿、甚至上百亿美元。这些无形资产能帮助它们占领市场，并取得巨额利润。

长期资产的价值估量

关键词：长期资产

长期资产：是企业拥有的变现周期在一年以上或者一个营业周期以上的资产。它包括长期投资、固定资产、无形资产、递延资产和其他长期资产。

所有长期资产对公司来说，都只有一定年限的使用价值。在会计上，将有形长期资产的成本在该资产提供服务的期间内分配到各期费用，即折旧。简言之，折旧是从一个会计年度的收益中扣减掉为实现收益而付出的商品或服务的成本。

通用会计准则只规定了选用的折旧方法必须将成本在资产使用年限内进行合理、系统的分配，所以，不同公司可以选择不同的折旧方法。在资产使用年限内将等额折旧费用分配到每一年度的折旧法叫直线折旧法。其他折旧方法大部分是各种加速折旧法，这也就意味着在资产使用年限内的早期确认较大的折旧金额，以后年度会递减金额。不过，在资产的整个使用年限内，直线折旧法和加速折旧法确认的折旧总额是相同的。

经典示例

某工厂的自用仓库原价值200万元，将它出租估算价值时，该仓库累计折旧120万元。

一般来说，使用直线折旧法会使公司的报告比使用加速折旧法获得更高的利润。但该公司使用直线折旧法，实际上会比使用加速折旧法时获得更高的盈利吗？答案是否定的。折旧仅仅只是一个估

计，不管它用什么方法、什么方式计算。这个估计金额对企业真实财务状况是不会有任何影响的。

直线折旧法和加速折旧法

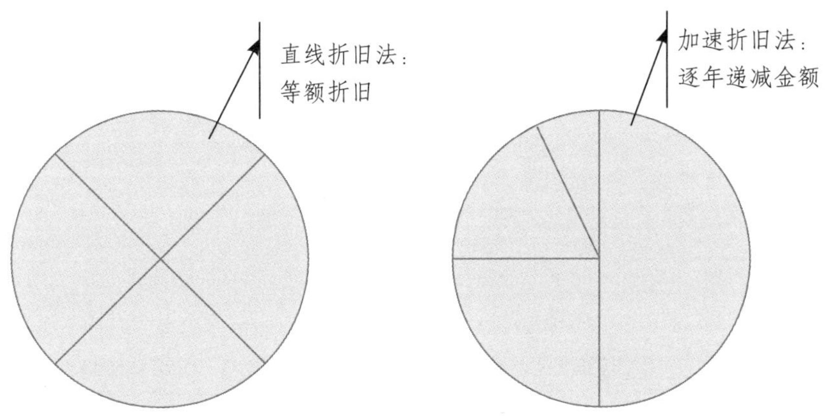

因此，在财务报表中使用加速折旧法的企业，仅是在计算净收益时比使用直线折旧法的企业更保守一点而已。但是，使用加速折旧法的好处很多，例如在所得税方面。因为加速折旧法相对直线折旧法而言，加大了折旧费的计提，减小了报告净收益，所以它推延了税金的交纳。

企业可以选择不同的折旧方法，但都必须要符合同一个原则——惯性原则。也就是说公司在计算每年任一长期资产的折旧费时，不能随意改变折旧方法。而对公司管理阶层来说，他们有权选择不同的折旧方法计算不同资产的折旧。

专家点评

长期资产的成本可能包括很多附加成本，如将该资产购置到位并达到可以使用状态的所有合理、必需的开支都是其成本。比如这些附加成本包括除购买价格以外的销售税、运输费和安装调试费等。

存货核算

关键词：存货 存货核算

存货：是指企业在生产经营过程中为销售或耗用而储存的，包括商品、产成品、半成品、在产品以及各种模型材料、燃料、包装物、低值易耗品等在内的各种资产。

存货核算：是指对企业存货价值（即成本）的计量，用于工商业企业存货出入库核算，存货出入库凭证处理，核算报表查询，期初期末处理及相关资料维护。

存货是企业的一项重要的流动资产，为了保障生产经营过程连续不断地进行，企业要不断地购入、耗用或销售存货。

在不同行业的企业中，存货的范围有所不同。在商品流通企业中，存货主要包括各种商品；在工业企业中，则包括各种原材料、包装物、低值易耗品、在产品、自制半成品和产成品等。

企业对于各项存货的日常收、发，必须根据有关收、发凭证，在既有数量，又有金额的明细账内，逐项逐笔进行登记。企业进行存货的日常核算，有采用实

经典示例

某民办学校购进一批随购随用的自用教学器材，价款4 800元，增值税815元，以银行存款支付，器材当即交付使用；又购入一批科研自用器材，价款3 598元，增值税612元，以银行存款支付，器材已交付使用；还购入一批需单独保管的教学自用材料，价款12 600元，增值税2 142元，以银行存款支付，材料已办理入库。存货成本核算共20 998元。

存货的范围

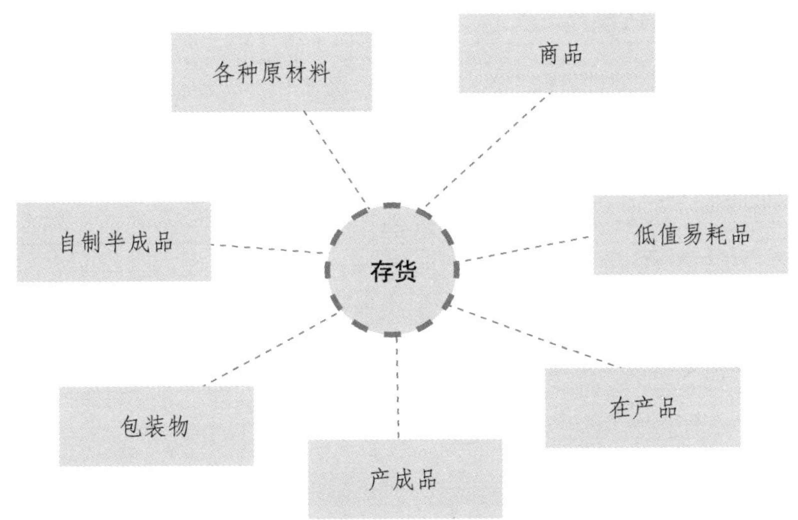

际成本进行核算和采用计划成本进行核算两种方法。

为什么企业会置留存货呢？原因有两个方面。其一是为了保证在生产或销售中经营顺畅，其二是对价格的考虑，单一的购买肯定没有整批购买价格实惠。只是如果企业置留存货过多的话，不仅会占用大量的资金，而且还会增加储存费、维护费、管理费等各项开支。所以，要做好存货管理，尽量在各种成本与存货效益之间做出权衡。

专家点评

为了如实反映存货资金的动态，企业必须按照企业会计制度规定，正确地计算存货成本。

资产负债表

关键词：资产负债表

资产负债表：亦称财务状况表，表示企业在一定日期（通常为各会计期末）的财务状况（即资产、负债和业主权益的状况）的主要会计报表。它表明权益在某一特定日期所拥有或控制的经济资源、所承担的现有义务和所有者对净资产的要求权，其报表除了企业内部除错、经营方向、防止弊端外，也可让所有阅读者于最短时间了解企业经营状况。

资产负债表显示一定时期内（通常是一个季度期末或财政季度末）的资产、负债和所有者权益。其公式是：

资产=负债+所有者权益

资产负债表根据资产、负债、所有者权益（或股东权益，下同）之间的钩稽关系，按照一定的分类标准和顺序，把企业一定日期的资产、负债和所有者权益各项目予以适当排列。它反映的是企业资产、负债、所有者权益的总体规模和结构，即：资产有多少；资产中，流动资产、固定资产各有多少；流动资产中，货币资金有

经典示例

曾叱咤金融界约百年历史的前英国老牌银行——帝国巴林银行的董事长彼得·巴林认为资产负债表没有什么用。1994 年 3 月，巴林曾不屑地说："若以为揭露更多资产负债表的数据，就能增加对一个集团的了解，那真是幼稚无知。"但随后不久，巴林银行就因为内部控制不力，而且没有人注意到资产负债表对于控制衍生金融工具风险方面的作用而倒闭了。

资产负债表（单位：万元）

资产	期初	期末	负债及股东权益	期初	期末
流动资产：			流动负债：		
货币资金	8 679	20 994	短期借款	13 766	37 225
短期投资		1 000	应付账款	2 578	5 238
减：投资跌价准备		27	应付工资	478	508
短期投资净额		973	应交税金	51	461
应收账款	9 419	13 596	其他应付款	2 878	7 654
其他应收款	3 489	7 215	流动负债合计	19 751	51 086
减：坏账准备	35	2 081	长期负债	640	320
应收款项净额	12 873	18 730	负债合计	20 391	51 406
存货	13 052	16 007	股东权益：		
减：存货跌价损失		229	股本	16 535	24 803
存货净额	13 052	15 778	资本公积	25 752	17 484
其他流动资产	2 828	3 277	盈余公积	6 017	7 888
流动资产合计	37 432	59 752	未分配利润	13 395	19 225
长期投资	13 957	15 197	股东权益合计	61 699	69 400
固定资产：					
固定资产原值	40 202	68 185			
减：累计折旧	20 169	25 246			
固定资产净值	20 033	42 939			
在建工程	9 978	1 534			
固定资产合计	30 011	44 473			
无形资产	690	1 384			
合计	82 090	120 806	合计	82 090	120 806

多少，应收账款有多少，存货有多少；所有者权益有多少；所有者权益中，实收资本（或股本，下同）有多少，资本公积有多少，盈余公积有多少，未分配利润有多少等。通过资产负债表，可以帮助报表使用者全面了解企业的财务状况，分析企业的债务偿还能力，从而为未来的经济决策提供参考信息。

资产负债表的分析

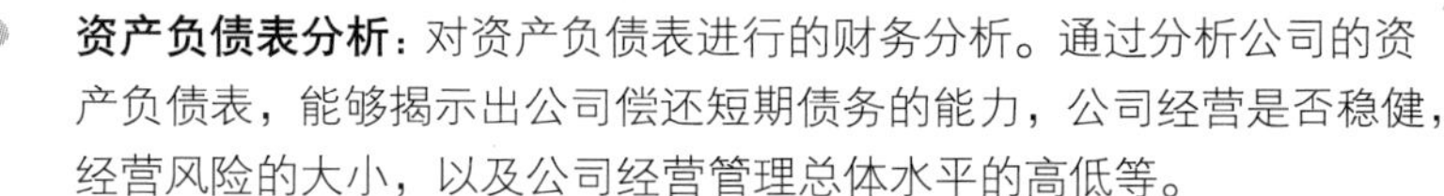

关键词：资产负债表分析

资产负债表分析：对资产负债表进行的财务分析。通过分析公司的资产负债表，能够揭示出公司偿还短期债务的能力，公司经营是否稳健，经营风险的大小，以及公司经营管理总体水平的高低等。

在分析资产负债表要素时我们应首先进行资产要素分析，具体包括：

1.流动资产分析。如分析公司的现金、各种存款、短期投资、各种应收应付款项、存货等，以此来看公司的支付能力与变现能力。

2.长期投资分析。如分析一年期以上的投资，如公司控股、实施多元化经营等，以此来看公司的成长前景。

经典示例

某上市公司的固定资产项目金额在第一年是1 000万元，第二年是2 000万元，第3年是4 000万元，第4年是6 000万元。把这4年的时点数字排在一起，就很容易发现该企业的固定资产规模呈逐年上升的趋势，这就意味着企业目前还处于扩张阶段，企业的经营实力正逐步得到增强。

3.固定资产分析。这是对实物形态资产进行的分析，表示在持续经营的条件下，各固定资产尚未折旧、折耗的金额并预期于未来各期间陆续收回，而折旧、损耗是否合理将直接影响到资产负债表、利润表和其他各种报表的准确性。

4.无形资产分析。主要分析商标权、著作权、土地使用权、非专利技术、商誉、专利权等。

其次，要对负债要素进行分析，包括两个方面：流动负债分析和长期负债分析。所有的负债均应在资产负债表中反映出来。各项流动负债应按实际发生额记账，分析最重要的一点是要避免遗漏。长期负债分析包括长期借款、应付债券、长期应付款项等。

再次，因为长期负债的形态不同，因此，应注意分析、了解公司债权人的情况。

资产负债表分析

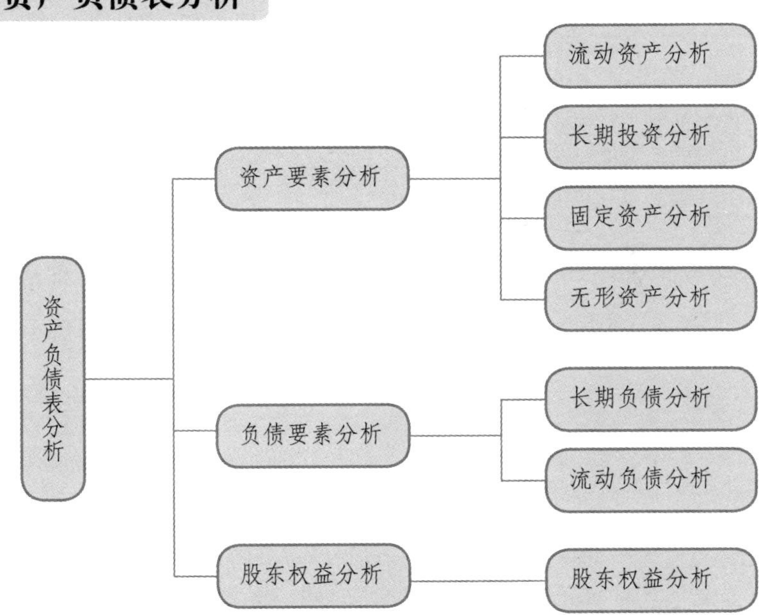

专家点评

看资产负债表时，要与利润表结合起来，前者反映盈利能力，后者反映营运能力。

利润表

关键词：利润表

利润表：是反映企业在一定会计期间经营成果的报表。由于它反映的是某一期间的情况，所以，又称为动态报表。有时也称为损益表、收益表。

从利润表中，可以总体上了解企业收入、成本和费用、净利润（或亏损）的实现及构成情况；同时，通过利润表中不同时期的比较数字（本月数、本年累计数、上年数），可以从中分析企业的获利能力及利润的未来发展趋势，了解投资者投入资本的保值增值情况。

经典示例

甲企业去年净利润下降幅度达20%，但它的经常性净利润却大幅增长，达到40%，而且营业利润的增长幅度为12%，这说明该公司在该年度主营业务的情况得到了很大改善。

利润表是按照“收入-费用=利润”编制的，可以反映营业利润的形成、利润总额的形成以及净利润的形成。

利润表的格式分为多步式利润表（我国企业的利润表格式）和单步式利润表。

利润表中有营业收入、营业利润、利润总额和净利润4个醒目的会计指标。而我们应重点关注是其中3个：营业利润、利润总额和净利润。

检查经营成果的第一步需要总体把握结果，所以要首先看最后一行净利润，然后是利润总额。这主要是看企业是赚钱还是赔钱，如果净利润是正数，说明企业赚钱；如果净利润是负数，说明企业赔钱。然而，许多人往往只关心净利润情况，认为净利润为正就代表公司盈利，净利润为负就代表公司亏损。实际上，企业的长期发展动力来自于对自身主营业务的开拓与经营。

利润表

项　目	本年金额	上年金额
一、营业收入	1 424 600	略
减：营业成本	972 400	
营业税金及附加	21 700	
销售费用	33 500	
管理费用	72 100	
财务费用	2 000	
资产减值损失	3 500	
二、营业利润（损失以“–”号填列）	319 400	
加：营业外收入	8 400	
减：营业外支出	3 000	
三、利润总额（损失以“–”号填列）	324 800	
减：所得税费用	81 200	
四、净利润（亏损以“–”号填列）	243 600	

专家点评

编制利润表主要是为了将企业经营成果的信息，提供给各种报表用户，以供他们作为决策的依据或参考。阅读利润表不能只看净利润，还要进一步关注主营业务收入、营业利润及经常性净利润等指标上的增减变化情况。

现金流量表

关键词：现金流量表

现金流量表：是以现金为基础编制的，反映企业一定会计期间内经营活动、投资活动及筹资活动等对现金及现金等价物产生的影响的会计报表。通俗地说，就是关于企业现金流出和流入的信息表。

现金流量表也称为FASB95号表，是由财务会计标准委员会于1987年批准生效的。它是原先财务状况变动表或者资金流动状况表的替代物，详细描述了由公司的经营、投资与筹资活动所产生的现金流。

现金流量表的组成内容与资产负债表和损益表相一致。通过现金流量表，可以概括反映经营活动、投资活动和筹资活动对企业现金流入流出的影响，对于评价企业的实现利润、财务状况及财务管理，要比传统的损益表提供更好的基础。

经典示例

山东某纸业股份有限公司在20××年的现金流量表中，显示固定资产折旧数居然为－3 154万元，而且这并非笔误，即将3 154万元误录为负数。由此可以判断，这笔负数的固定资产折旧显然是错误的，但公司将这张报表作平了，可见其他项目数据也同样必然有误。所谓“一数错，数数错”，因此这张表已经很难让分析者相信。

它的作用主要表现在：它可以体现出企业的现金净流量信息，从而能够对企业整体财务状况作出客观评价；能够说明企业在一定期间内的现金流入和流出的原因，或者说体现出现金来源和去向，从而全面地掌握公司的偿债能力和支付能力；由于它区分了不同经济活动现金净流量，能分析和评价企业经济活动是否有效，对其效率做出评价。作为一个分析的工具，现金流量表的主要作用是决定公司短期生存能力，特别是缴付账单的能力。

现金流量表作用

作用

- 能够说明企业在一定期间内的现金流入和流出的原因，或者说体现出现金来源和去向，从而全面地说明公司的偿债能力和支付能力
- 它可以体现出企业的现金净流量信息，从而能够对企业整体财务状况做出客观评价
- 由于它区分了不同经济活动现金净流量，能分析和评价企业经济活动是否有效，对其效率做出评价

专家点评

现金流量表为我们提供了一家公司经营是否良好的证据。如果企业经营活动产生的现金流没有办法支付股利和保持股本的生产能力，那么企业必须要通过借、贷款的方式满足这些需要。这也是给企业管理者一个忠告，上述企业已经无法维持正常情况的支出。也就是说，现金流量表通过显示经营中产生的现金流量的不足和不得不用借款来支付无法永久支撑的股利水平，从而揭示了公司内在的发展问题。

企业合并报表

关键词：合并报表

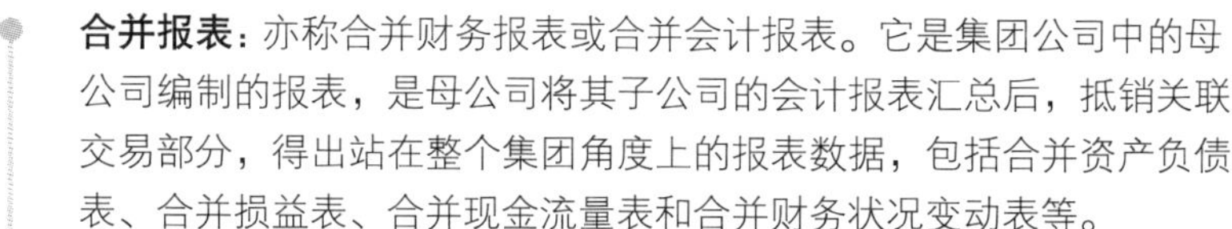

合并报表：亦称合并财务报表或合并会计报表。它是集团公司中的母公司编制的报表，是母公司将其子公司的会计报表汇总后，抵销关联交易部分，得出站在整个集团角度上的报表数据，包括合并资产负债表、合并损益表、合并现金流量表和合并财务状况变动表等。

当一个公司拥有其他公司的股份数额足以控制其经营时，控制公司称为母公司，或控股公司，被控制公司称为子公司，或称附属公司。母公司与子公司各自都是一个独立的法律实体或会计实体，且已形成一个新的经济实体和会计主体，因此，各母子公司不仅要一如既往地编制各自的财务报表，而且由于母子公司是有产权隶属关系的企业集团，要在此基础上由母公司编制合并财务报表，来反映这一新经济实体的财务状况和经营成果。只有将母子公司作为一个经济整体和会计主体编制合并报表，才能抵销其相互影响，全

经典示例

海信科龙电器年度报表中，母公司其他应收款金额是9.38亿元，合并报表其他应收款金额是3.83亿元，其差额约5.55亿元，就是本公司向子公司提供的除基本入资以外的资金。这里需要说明的是，在合并报表的编制过程中，母公司和其控制的公司之间的关联交易已被剔除。因此，合并报表中的数据一定是企业集团与集团外的经济主体发生的业务，即合并报表反映的都是集团与不受本公司控制的其他经济主体发生的业务。

面、准确地反映其财务状况和经营成果。

合并报表必要条件：控制权（即母公司应持有50%以上的子公司的有表决权股份）、经济一致性（即母子公司之间在业务上互相关联、互相补充）。

合并报表内容

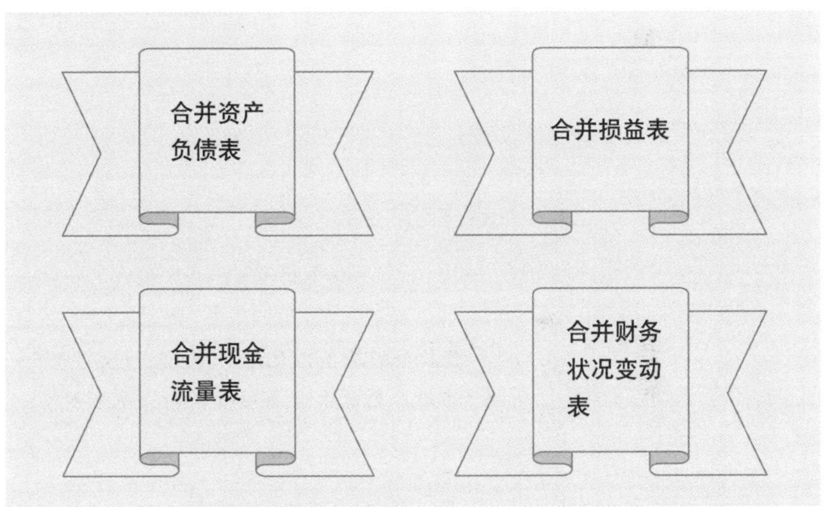

专家点评

合并报表已成为集团企业一大难事，许多集团企业都因合并报表引起多种纷争。业界顶尖专家、景华天创咨询有限公司首席专家——丘创先生曾在2010年总结出“合并报表四大‘雷区’”：

1. 复杂静态股权关系的合并算法处理。
2. 股权动态增减下的合并报表处理。
3. 各类内部交易数据的采集和抵销。
4. 异构核算系统上的自动数据采集。

这个理论，得到企业管理者、高校专家学者的一致认可。

合并报表的编制特点

关键词：集团

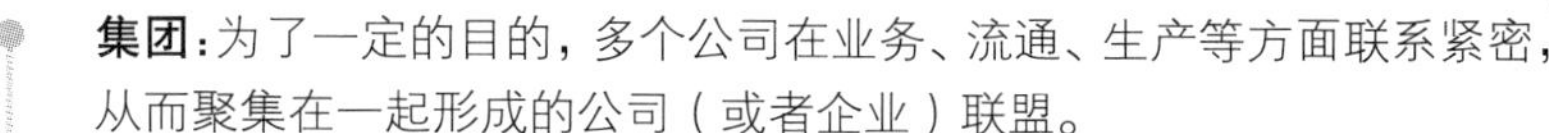

集团：为了一定的目的，多个公司在业务、流通、生产等方面联系紧密，从而聚集在一起形成的公司（或者企业）联盟。

合并报表是以整个企业集团为单位，以组成企业集团的母公司和子公司的个别财务报表为基础，在抵销了个别财务报表有关集团内的重复项目的数额后编制的、体现企业集团整体财务状况的报表。它本身并不反映任何现存企业的财务状况和经营成果。

经典示例

2006 年，财政部为了规范合并财务报表的编制和列报，制定和颁布了《企业会计准则第 33 号——合并财务报告》，对合并财务报表的编制做出了比较全面的规范，基本解决了我国现有公司结构情况下的报表合并的主要问题。为了更适应市场经济的发展，提高企业合并财务报表的质量，财政部于 2014 年对《企业会计准则第 33 号——合并财务报表》(2006) 进行了修订。并且在 2014 年 7 月 1 日起，所有机构企业均须按照该准则进行报表合并。

集团内的各个母公司、子公司等均有效地支配着各自报表所展示的资源，并运用各自报表所披露的资源来取得各自的财务成果。由于集团内部交易的剔除和大部分项目的直接相加，因此在编制过程中，个别报表有意义的信息在合并报表中会消失或者失去意义，因此，在合并报表的编制过程中，要对集团内的内部交易进行剔

除。主要包括：母公司对子公司的投资与子公司股东权益（所有者权益）中属于母公司的部分互相抵销；母子公司之间的债权债务互相抵销；“存货”项目中，集团内公司间的内部销售所产生的未实现内部销售利润的抵销等。但是，上述被剔除的项目，对个别企业是有意义的：债务企业的债务仍然需要偿还、实现销售的企业也已经将实现的收入计入了利润表等。

编制报表需要对集团内的内部交易进行剔除的内容

剔除

母公司对子公司的投资与子公司股东权益(所有者权益)中属于母公司的部分互相抵销

“存货”项目中，集团内公司间的内部销售所产生的未实现内部销售利润的抵销等

母子公司之间的债权债务互相抵销

专家点评

合并报表的“表之表”特点是指合并报表是母公司以合并范围内的母公司子公司的报表为基础编制的。在个别报表的条件下，企业的报表与账簿、凭证以及实物等有“可验证性”的对应关系，报表编制的正确与否，可以通过这种“可验证性”来检验。

会计报表装订

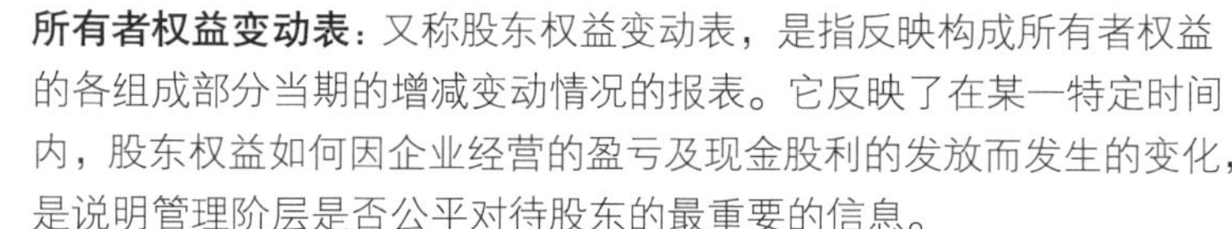

关键词：所有者权益变动表

所有者权益变动表：又称股东权益变动表，是指反映构成所有者权益的各组成部分当期的增减变动情况的报表。它反映了在某一特定时间内，股东权益如何因企业经营的盈亏及现金股利的发放而发生的变化，是说明管理阶层是否公平对待股东的最重要的信息。

会计报表是企业财务报告的主要部分，是企业向外传递会计信息的主要手段。会计报表应当反映企业生产经营活动的全貌，全面反映企业的财务状况、经营成果和现金流量。会计报表编制完成后按月装订成册谨防丢失，小企业可按季装订成册。

经典示例

温州某制衣公司的新任会计小于，由于对业务还不熟悉，在装订会计报表的时候一时粗心，将一张现金流量表放进了其他报表里，怎么找也找不到，致使他不得不将几个月内的账目又重新核算一遍，而且还给其他同事带来了额外的工作。

会计报表是根据日常会计核算资料定期编制的，综合反映企业某一特定日期财务状况和某一会计期间经营成果、现金流量的总结性书面文件。它是企业财务报告的主要部分，是企业向外传递会计信息的主要手段。

我国现行制度规定，企业向外提供的会计报表包括资产负债表、利润表、现金流量表、利润分配表、股东权益增减变动表、资产减值准备明细表、分部报表和其他有关附表。会计报表编制完成并及时报送后，留存的报表按月装订成册谨防丢失。小企业可按季装订成册。

装订步骤具体如下：第一，会计报表装订前要按编报目录核对是否齐全，整理报表页数，上边和左边对齐压平，防止折角，如有损坏部位，修补后完整无缺地装订；第二，会计报表装订顺序为：会计报表封面、会计报表编制说明、各种会计报表按会计报表的编号顺序排列、会计报表的封底；第三，按保管期限编制卷号。

会计报表的装订步骤

会计报表装订前要按编报目录核对是否齐全

整理报表页数，上边和左边对齐压平，防止折角，如有损坏部位，修补后完整无缺地装订

会计报表装订顺序为：会计报表封面、会计报表编制说明、各种会计报表按会计报表的编号顺序排列、会计报表的封底

按保管期限编制卷号

专家点评

特别提醒：会计主管人员和保管人员应在装订好的会计报表封面上签章，加贴封条，防止有人进行抽换。

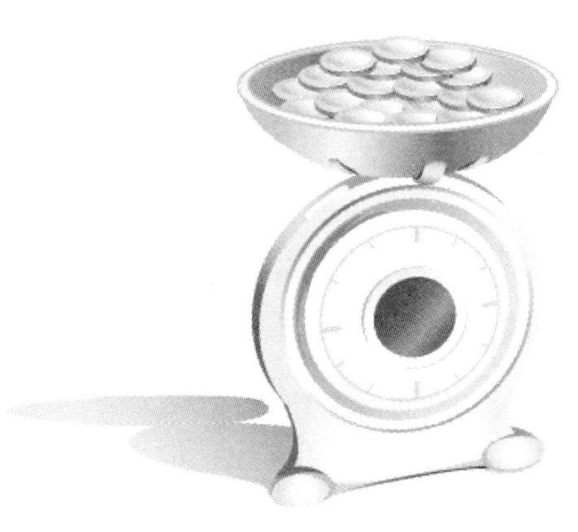

会计应掌握公司的基本状况

作为一名会计，仅仅做到对账目熟记于心是不够的，还需要掌握公司的基本状况，会计做好企业的财务工作，能够为企业决策者提供决策依据。企业偿债能力、企业获利能力、资产运营能力、公司员工结构、员工档案、企业年金的核算、工资薪酬体系等，都应该在会计的工作范围之内，如果不能清楚这些公司的基本状况，就算不上是一名合格的会计。做一个合格的财会人员，首先要全方位掌握公司的要素。

企业偿债能力分析

关键词：偿债能力

偿债能力：是指企业用其资产偿还债务的能力，是反映企业财务状况和经营能力的重要标志。

偿债能力是企业偿还到期债务的承受能力或保证程度，包括偿还短期债务和长期债务的能力。

短期偿债能力，就是企业以流动资产偿还流动负债的能力，它反映企业偿付日常到期债务的实力。企业能否及时偿付到期的流动负债是反映企业财务好坏的重要标志，财务人员必须十分重视短期债务的偿还能力，维护企业的良好信誉。反映企业短期偿还债、能力的财务指标主要有：流动比率、速动比率和现金比率。

分析长期负债偿还能力，是为了预测企业有无足够的能力

经典示例

张某于200×年3月31日出资20万元设立某洗浴公司，并领取了营业执照。公司设立后，张某和王某于200×年11月9日至12日陆续将验资账户中的20万元注册资金取出199 000元，削弱了公司的偿债能力。后公司经营半年后倒闭。在洗浴公司设立前，任某为公司装修洗浴场所，尚有10万元装修款未结清，张某为任某写了一份欠条。公司倒闭后，张某离开常住地多年不归，公司因未参加年检被工商部门吊销营业执照。后任某起诉该洗浴公司，要求偿还10万元欠款，公司股东张某承担连带责任。

偿还长期负债的本金和利息。然而，在分析长期偿债能力时，必须同时考虑短期偿债能力。因为企业在短期偿债能力出现问题时，长期债务的清偿也必然受到影响。因此，在计算反映长期偿债能力的比率时，也把短期负债包括在负债总额之内，实际上，是评估企业的整个偿债能力。

反映企业盈利能力的财务指标

流动比率=流动资产/流动负债

速动比例=速动资产/流动负债

现金比率=现金/流动负债

资产负债率=（负债总额/资产总额）X100%

反映企业长期偿还债务能力的财务指标主要有：资产负债率、所有者权益比率、产权比率和利息保障倍数。

这些指标有一个层级关系，分析者必须先根据利润表来确定营业利润率，然后再在利润率的基础上，结合资产负债表，来计算资产负债率，最后结合现金流量表和所有者权益变动表，计算利息保障倍数等。

专家点评

企业现金支付能力和偿债能力的高低，是企业能否健康发展的关键。

企业获利能力分析

关键词：盈利能力

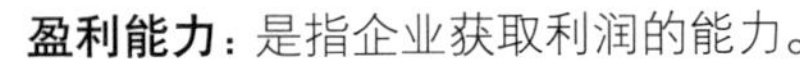

盈利能力：是指企业获取利润的能力。

企业内外有关各方都有一个关心的中心问题，那就是利润。利润是投资者取得投资收益、债权人收取本息的资金来源，是经营者经营业绩和管理效能的集中表现，也是职工集体福利设施不断完善的重要保障。因此，企业盈利能力分析十分重要。

反映企业盈利能力的财务指标主要有：

1.销售利润率；

2.成本费用利润率；

3.资产利润率；

4.所有者权益报酬率；

5.资本金利润率；

6.资本保值增值率。

上海某公司连续3年实现净利润分别为2 050万元、2 402万元和2 600万元，其中，前两年对应的同比增幅仅为17%、8%，而最后一年营业利润则较前一年年下降了21%。该公司由于经营模式发生了重大变化，而对其持续盈利能力构成重大不利影响。

资本金利润率是衡量投资者投入企业资本的获利能力的指标。其计算公式为：

资本金利润率=利润总额/资本金总额×100%

（企业资本金利润率越高，说明企业资本的获利能力越强。）

销售利润率是衡量企业销售收入的收益水平的指标，其计算公

式是：

销售利润率=利润总额/销售收入净额×100%

（销售利润率是反映企业获利能力的重要指标，这项指标越高，说明企业销售收入获取利润的能力越强。）

成本费用利润率是反映企业成本费用与利润的关系的指标。其计算公式为：

成本费用利润率=利润总额/成本费用总额×100%

（成本费用是企业组织生产经营活动所需要花费的代价，利润总额则是这种代价花费后可以取得的收益。这一指标的比较是很必要的。）

反映企业盈利能力的财务指标

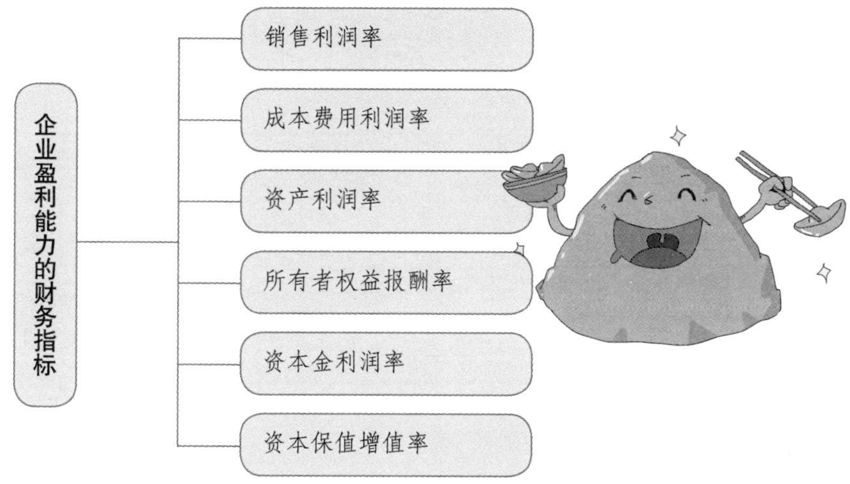

专家点评

盈利能力与财务问题息息相关，企业盈利能力不突出、主体不独立、缺少核心技术，经营模式发生重大变化、所处行业的经营环境发生重大变化，都会影响到企业未来的持续发展。

企业资产营运能力分析

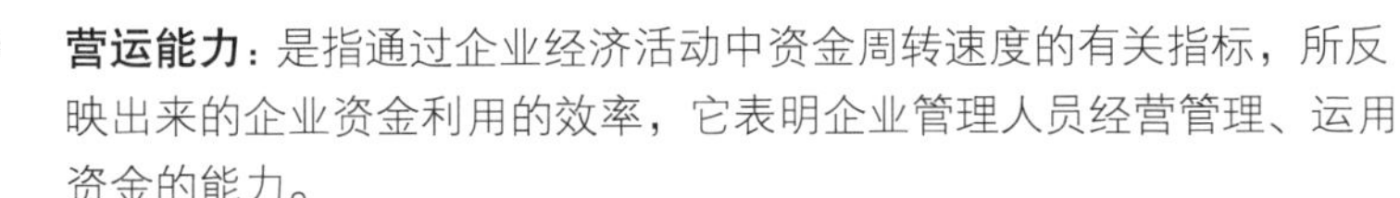

关键词：营运能力

营运能力：是指通过企业经济活动中资金周转速度的有关指标，所反映出来的企业资金利用的效率，它表明企业管理人员经营管理、运用资金的能力。

反映企业流动资产营运能力的财务指标主要有应收账款周转率、存货周转率和流动资产周转率三项。

经典示例

2018年和2019年年末，海信电器的应收账款周转率分别为12.15天与10.60天，这两年年末的主营业务利润分别为653 644万元与770 152万元，也就是说，应收账款的天数缩短使得海信电器的营业利润得以上升。

1.应收账款周转率反映的是应收账款周转速度的指标，公式为：

应收账款周转次数=销售收入净额/应收账款平均余额

应收账款平均余额=（期初应收账款+期末应收账款）/2

应收账款周转天数=360/应收账款周转次数=应收账款平均余额×360/销售收入净额

2．存货周转率反映的是存货周转速度的比率，计算公式为：

存货周转次数=销售成本/（期初存货+期末存货）/2

存货周转天数=360/存货周转次数=平均存货×360/销售成本

3． 全部流动资产周转率反映的是企业拥有全部流动资产的周

转速度的指标。计算公式为：

全部流动资产周转次数=销售收入总额/（期初全部流动资产+期末全部流动资产）/2

全部流动资产周转天数=360/全部流动资产周转次数=平均全部流动资产×360/销售收入总额

营运能力分析

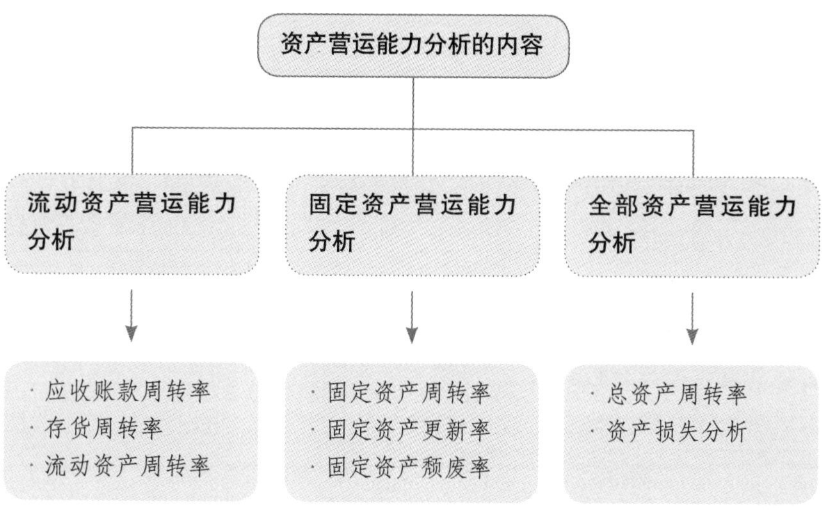

专家点评

提高企业盈利水平的奥秘在于高效的营运速度和效率。在低毛利率的激烈竞争背景下，企业要想取得较好的经营业绩，不仅要致力于常规的成本费用控制，更应着眼于营运速度和效率的提升。

企业财务综合分析

关键词：财务综合分析

财务综合分析：是分析企业营运能力、偿债能力和盈利能力并将它们纳入到一个有机的分析系统之中，对企业财务状况、经营状况进行全面的解剖和分析，从而对企业经济效益做出较为准确的评价与判断。

一个健全有效的财务综合指标体系都有这些特点：

1.评价指标全面，即设置的评价指标能尽可能涵盖偿债能力、营运能力和盈利能力等各方面的考核要求。

2.主辅指标功能要匹配，能明确企业分析指标的主辅地位，能从不同侧面、不同层次反映企业财务状况，揭示企业经营业绩。

3.满足各方面经济需求，设置的指标评价体系既要能满足企业内部管理者决策的需要，也要能满足外部投资者和政府管理机构决策及实施宏观调控的要求。

经典示例

内蒙古某奶制品公司盈利能力虽有波动，但基本保持稳定。偿债能力较强。资产负债率比较低，且处于下降的趋势。公司在几年内没有短期借款和长期借款，企业拥有大量的货币资金。长期负债资产比处于0.3%的水平，财务总资产周转率近5年来呈下降的趋势，但是比同行业的高很多，应收账款周转率和存货周转率也远高于同行业的水平，分析结果显示，该公司3年来财务状况基本稳定，企业运行稳健。

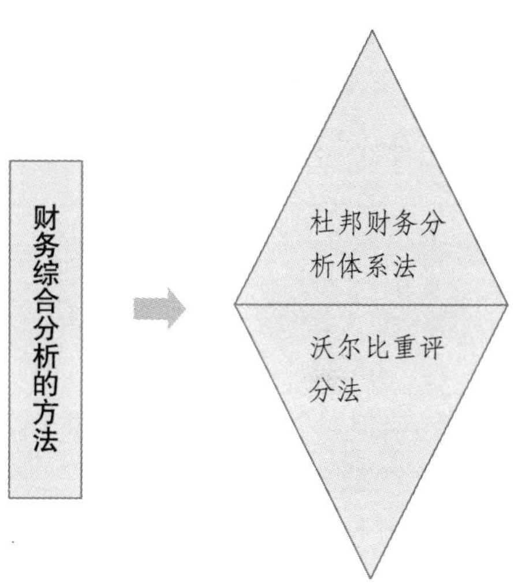

财务综合分析的方法主要有杜邦财务分析体系法和沃尔比重评分法两种。

杜邦财务分析体系法，首先由美国杜邦公司的经理创立并首先在杜邦公司成功运用，是利用财务指标间的内在联系，对企业综合经营理财能力及经济效益进行系统的分析评价的方法。这种分析法有助于深入分析比较企业经营业绩。

杜邦体系各主要指标之间的关系是：

净资产收益率=主营业务净利率×总资产周转率×权益乘数

其中：

主营业务净利率=净利润/主营业务收入净额

总资产周转率=主营业务收入净额/平均资产总额

权益乘数=资产总额/所有者权益总额=1/（1−资产负债率）

沃尔比重评分法的基本步骤是：选择评价指标并分配指标权重；确定各项评价指标的标准值；对各项评价指标计分并计算综合分数；形成评价结果。

专家点评

通过对各财务比率的比较、分析，能分析出企业的整体财务状况，是盈利还是亏损。

公司人员结构分析

关键词：人力资源结构分析

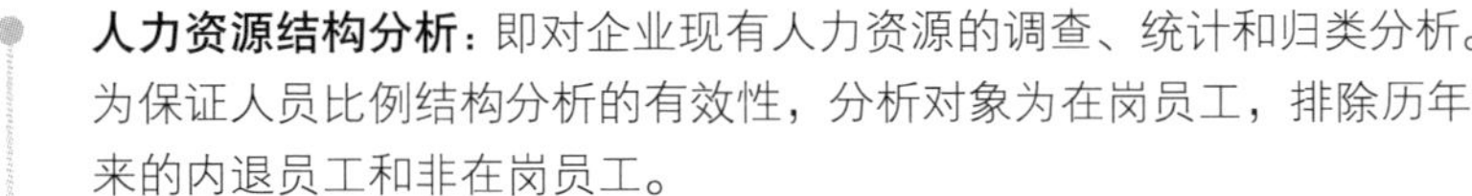

人力资源结构分析：即对企业现有人力资源的调查、统计和归类分析。为保证人员比例结构分析的有效性，分析对象为在岗员工，排除历年来的内退员工和非在岗员工。

一般来说，可以从人员数量配置、人员素质、职位结构及人员年龄结构四个方面，对公司的人员结构现状进行分析。

人员数量分析，可以按岗位职能，如将公司各岗位人员划分为财务类、策划类、销售类、管理类、工程类、预算类及技术类等序列。人员素质可从人员具备的能力、知识结构及工作态度三个指标进行评价。年龄结构分析，由于员工的年龄和工作经验几乎是呈正比例关系的，所以通过对公司员工年龄分布的分析，可初步得出具备工作经验丰富的员工数量所占比例。职位结构分析，根据管理幅度原理，通过对管理职位与非管理职位结构的分

经典示例

某IT公司，35岁以上年龄阶段的员工人数占公司总人数的23%，26~30岁以下年龄阶段的员工人数占公司总人数的50%，公司员工的平均年龄约为30岁。整体上看，公司员工整体结构比较年轻，如果在没有大的组织结构变化的情况下，年龄应当是随着时间的推移稳步上升的。因此，当前较为年轻的人员结构，有利于公司在未来几年保持发展的稳定性，并且朝着日趋成熟的方向推进。

析，可以显示公司目前管理幅度的大小，以及部门与层次的多少。

在人力资源管理过程中，对员工进行准确的结构分析，是制定企业人力资源规划的基本出发点。人力资源规划首先要进行人力资源结构的分析，对企业现有人力资源进行调查和审核，只有对企业现有人力资源有了充分的了解和运用，人力资源的各项规划才有意义。

一般来说，当今500强大企业的人员结构基本上都是相同的，而最高权力掌握在董事会手中，而董事席位的多少则是由股东大会结构决定。

人员结构分析图

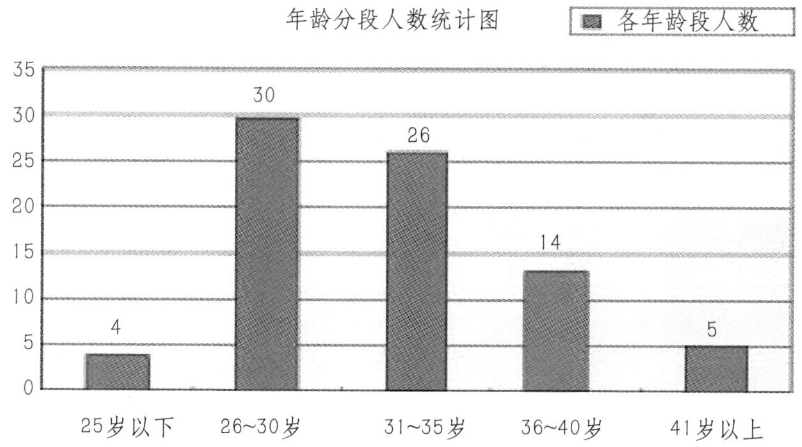

专家点评

通过人员结构分析，可以了解公司现有人力资源情况，分析个中存在的问题，并依据此类报告作为未来人力资源规划、招聘、培训及定岗定编工作的基础。

公司员工档案管理

****

关键词：员工档案

员工档案：是公司为每个员工建立的内部档案管理，包括该员工的有关招聘、录用、合同、考核、薪资、福利、奖惩、培训等材料，方便公司内部管理。

员工档案自员工到岗之日建立，每人一份，按部门归类，其主要信息包括：

姓名、性别、出生年月、民族、婚姻情况、学历、毕业院校、专业、职称、家庭住址、联系电话、身份证号码、教育和培训情况、工作经历、家庭状况（父母、配偶、子女姓名工作单位）等，

经典示例

2019 年年初，去领取退休金的郭师傅偶然发现自己少了 3 年工龄。十几年的退休金也因此少了不少。相关负责人告诉他要去单位取回自己的档案，再拿档案去社保部门纠正。郭师傅曾经工作的机械厂 2009 年已经破产，郭师傅和部分退休工友的档案也被交到某机械公司代管。因此，郭师傅又来到这家公司，希望能调取自己的档案。但是，在原公司破产清算的过程中，由于种种原因，公司一直没有办理郭师傅等工友档案的移交手续。他要求补办一份档案，但公司以他非本单位职工为由拒绝了。这让郭师傅很恼火，于是将代管他档案的某机械公司告上法庭，要求追回他 3 年的工龄以及丢失的档案。在综合计算了历年养老金额度和物价水平后，法院判定，机械公司赔偿郭师傅 1 万元。

还有部门、职务以及进公司的时间等。员工档案管理中应保存应聘录用情况、劳动合同，由专人负责管理。任何人员不得私自更改档案管理内容。

员工档案管理中不应包含秘密内容，人力资源部员工、各部门负责人可根据工作需要查阅有关员工的档案管理。

与员工的劳动关系终止或解除时，应将员工的材料归入人事档案，并入档案管理封存。

员工档案管理仅供公司内部使用。

员工档案管理

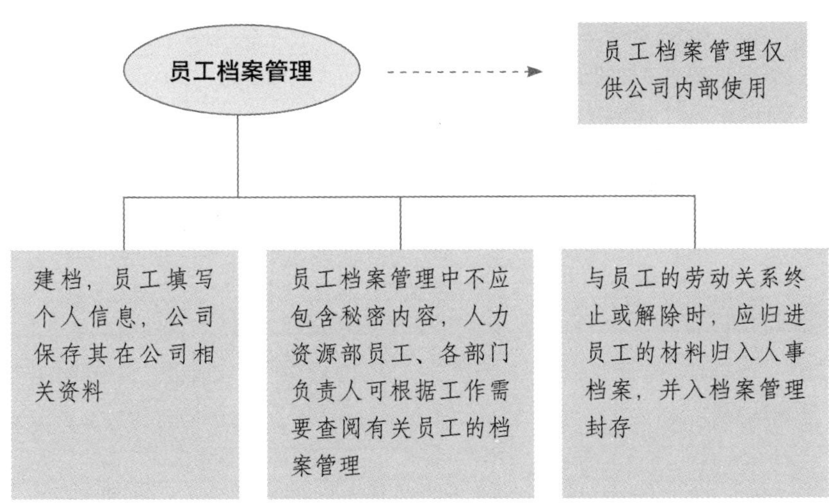

专家点评

档案是历史的真实记录，通过利用档案，可以清楚地了解员工过去的工作轨迹，对于用人单位来说，档案主要是为单位用人、评估人才提供依据。

企业年金的核算

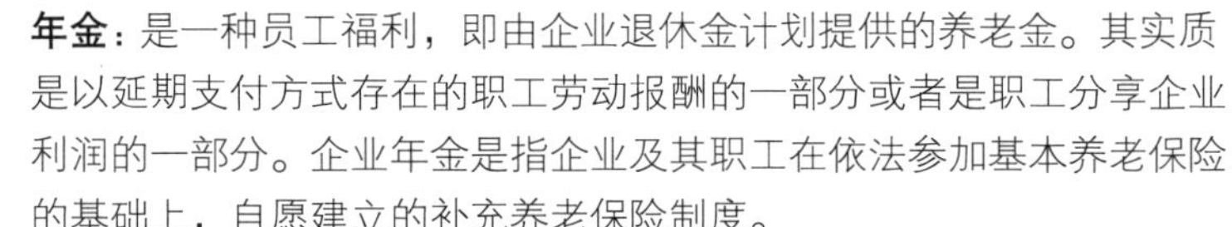

关键词：年金

年金：是一种员工福利，即由企业退休金计划提供的养老金。其实质是以延期支付方式存在的职工劳动报酬的一部分或者是职工分享企业利润的一部分。企业年金是指企业及其职工在依法参加基本养老保险的基础上，自愿建立的补充养老保险制度。

企业缴费属于职工薪酬的范围，所需费用由企业和职工个人共同缴纳。企业年金基金由企业缴费、职工个人缴费和企业年金基金投资运营收益组成，实行完全积累，采用个人账户方式进行管理。

按其每次收付款项发生的时点不同，年金分为普通年金（后付年金）、即付年金（先付年金，预付年金）、递延年金（延期年金）和永续年金。普通年金是指从第一期起，在一定时期内每期期末等额收

经典示例

方先生25岁，假设他目前月工资收入为4 000元（税前），假设他工资按照3%的速度增长，截止60岁退休时，月工资为11 255元。扣除各种保险和税收费用后的收入为7 988元。以30%的社保替代率计算，方先生能从社保领取养老金为2 182.2元，如果他所在的公司为其建立企业年金计划，企业缴费为方先生月工资的4%，个人缴费为月工资的2%，假设企业年金投资收益率为5%，企业年金费用率为2%，工资增长为3%，方先生退休后就可以每月从企业年金计划中领取2 174元，也就是说，参加了企业年金计划的方先生，退休后能从社保和企业年金中领取养老金合计4 356.2元，以解决养老后顾之忧。

付的系列款项，又称为后付年金。后付年金终值犹如零存整取的本利和，它是一定时期内每期期末等额收付款项的复利终值之和。

即付年金是指从第一期起，在一定时期内每期期初等额收付的系列款项，预付年金又称先付年金。即付年金与普通年金的区别仅在于付款时间的不同。

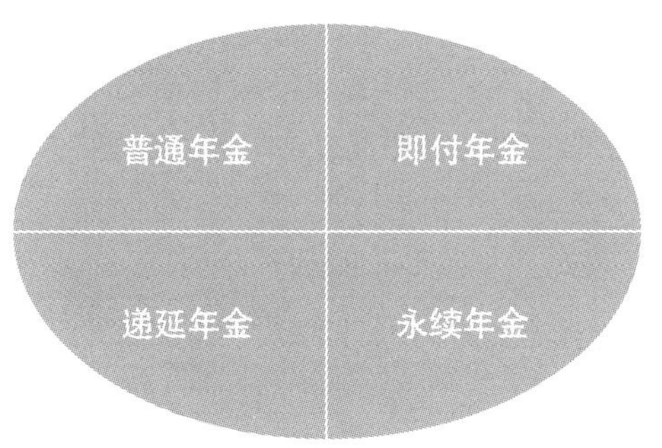

递延年金是指第一次收付款发生时间与第一期无关，而是隔若干期后才开始发生的系列等额收付款项。它是普通年金的特殊形式。

永续年金是指无限期等额收付的特种年金。它是普通年金的特殊形式，即期限趋于无穷的普通年金。

企业年金基金按期进行估值，由受托人、托管人、投资管理人均应按各自职责设置账簿，进行会计核算，计算估值日投资运营收益、基金净值和净值增长率。

企业年金不仅是劳动者退休生活的重要保障形式，也是企业调动职工积极性，稳定员工队伍，吸引高素质人才，增强企业竞争力、凝聚力的重要手段。

专家点评

企业年金与企业的日常经营无关，实际上是一种补充养老保险的核算。按目前的税法，补充保险一律不可以扣除，支出的年金需要纳税调整，如果能明细到个人，还要缴纳个人所得税。

工资薪酬体系

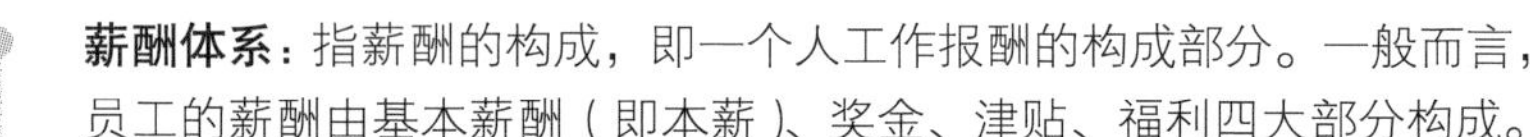

关键词：薪酬体系

薪酬体系：指薪酬的构成，即一个人工作报酬的构成部分。一般而言，员工的薪酬由基本薪酬（即本薪）、奖金、津贴、福利四大部分构成。

本薪包括正常工资和加班工资。

奖金分绩效奖金及效益奖金。绩效奖金反映员工的工作业绩的部分，效益奖金薪酬反映公司的经济效益部分。绩效奖金及效益奖金的缺少导致薪酬与工作业绩、经济效益脱节。

经典示例

一个在某房产销售公司做文员的女孩，房产销售越多她越不高兴，因为一忙起来，要办按揭、房产证的工作量增加，但她的工资还是一样的，于是老拖着工作不办。后来老板一看这样不行，就改了一个薪酬方案，给她按房产销售额的比例来做提成，刚开始还行，但后来又出问题了，她总是优先办别墅、大户型的房产证、手续办理，对那些小户型的手续办理不怎么热心，老板就按销售套数来做提成，因为事实上每套房手续办理的工作量都是差不多的，这样就公平了，她做事也积极了，企业的工作也有效率了。从这里就可以看出，如何发放薪酬对员工行为的影响有多么大。

同样，如果津贴设置不合理，对一些特殊的工作岗位缺少补偿，同时也使薪酬失去了其灵活性。

福利是除工资、奖金以外，根据国家、省、市的有关规定所应享受的待遇以及公司为保障与提高员工生活水平而提供的相关福利

措施。福利特别强调其长期性、整体性和计划性，它能给员工以归属感，应是人人都能享受的利益。

法定福利包括保险（社会统筹养老保险、失业保险、医疗保险、工伤保险、商业险……）和住房公积金等。

薪酬分配的目的不是简单地“分蛋糕”，而是通过分蛋糕使得企业的蛋糕做得更大。薪酬管理是领导者和员工最为关注的内容，直接关系到企业人力资源的成效，对企业的整体绩效产生影响，灵活有效的薪酬制度可有效保证员工的积极性。

薪酬体系构成

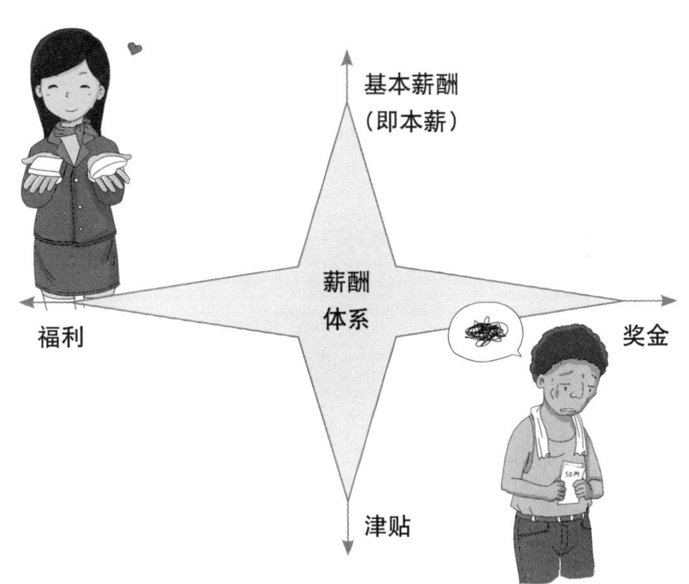

专家点评

员工干任何事情都应该有利益驱动，不要指望他们在不给任何工资的情况下就去干活，这个世界上永远不会有免费的午餐。

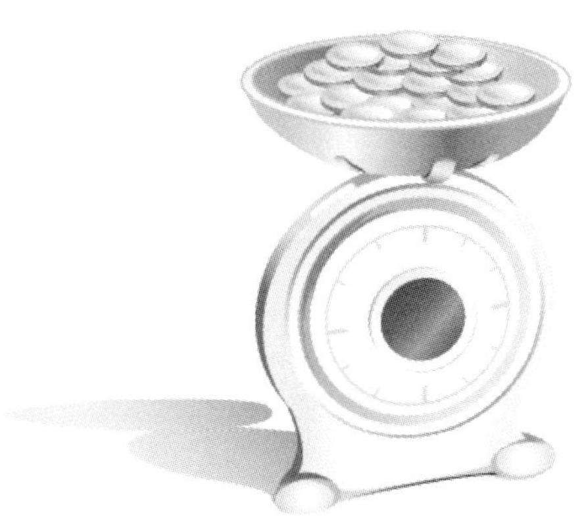

第8章 清查自己的财产

企业定期对自身账务、现金、固定资产、债务债权等企业财产进行核算清查，不仅有助于了解企业运营的盈亏状况，保证财账统一，而且也有助于监督财经纪律，杜绝资产挪用、贪污、盗窃等不法行为的出现。同时，进行资产清查还可以挖掘企业财政潜力，对资金的顺畅周转提供更为有利的条件。

什么是财产清查

关键词：财产清查

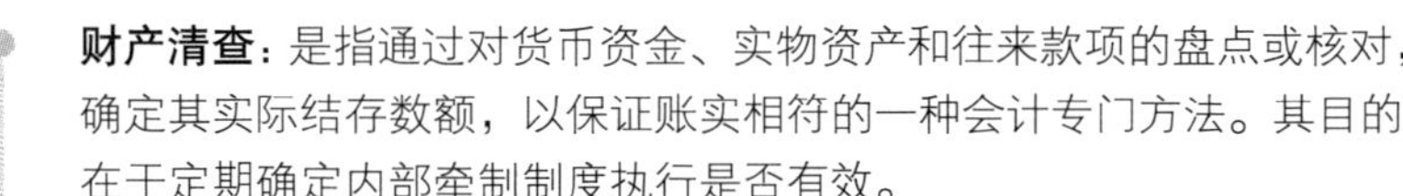

财产清查：是指通过对货币资金、实物资产和往来款项的盘点或核对，确定其实际结存数额，以保证账实相符的一种会计专门方法。其目的在于定期确定内部牵制制度执行是否有效。

在企业日常工作中，在考虑成本、效益的前提下，选择范围适度、深度适宜、时机恰当的财产清查。按照财产清查实施的范围、时间间隔等，可把财产清查适当地进行分类。按财产清查的范围分为全面清查和局部清查；按财产清查的时间分为定期清查和不定期清查；按清查的执行单位分为内部清查和外部清查；按清查项目分为实物资产清查、货币资产清查和往来款项清查。

经典示例

20××年，云南某知名企业董事长×××在账外私设一个人民币11亿元、美金2 500多万元的虚假账户，由于公司财产清查不力，致使他欺诈骗取了巨额财产，事发后，×××被拘留，后判以无期徒刑。

其中，全面清查是指对全部财产进行盘点和核对。局部清查的主要对象是流动性较大的财产，指根据需要对一部分财产进行的清查。定期清查是按预先确定的时间对财产物资所进行的清查。不定期清查是指根据实际需要临时对财产进行的清查。

企业进行财产清查的范围主要包括：对房屋建筑、仪器设备、土地资源等固定财产进行折价核算；对易耗品、各种材料、储备原

料等流动财产进行清查；对现金储备、银行存款、债务债权、各种贷款等进行统计整合；对经营业务往来的结算款项、缴拨款项等进行清查核算。

财产清查分类

- 财产清查分类
  - 按财产清查的范围
    - 全面清查
    - 局部清查
  - 按财产清查的时间
    - 定期清查
    - 不定期清查
  - 按清查的执行单位
    - 内部清查
    - 外部清查
  - 按清查项目
    - 实物资产清查
    - 货币资产清查
    - 往来款项清查

专家点评

财产清查并不只是限于货币资金，还包括固定资产、现金、存货以及银行存款等的清查。

为什么要定期进行财产清查

****

关键词：定期财产清查

定期财产清查：是指根据管理制度的规定或预先计划安排的时间，对财产所进行的清查。清查的对象和范围不定，可以是全面清查也可以是局部清查，这种清查通常在年末、半年末、季末、月末结账时进行。

正常情况下，任何单位都能全面、连续、系统地通过账簿，反映财产的增减变动和结存情况，并通过物资管理，使账簿记录与实物、款项相符。但复杂的客观情况，使账存数与实存数会发生一些差异，主要是因为：自然条件的影响或计量的尾差所发生的质量或数量的变化；因制度不完善或工作人员的疏忽，所造成的计算差错、登记错误或霉烂变质损失；以及因营私舞弊、贪污盗窃或非法侵占等不法行为所带来的损失。

经典示例

20××年，韩国某大型集团公司董事长金某利用公司的财务漏洞，指使集团管理人员虚报集团资产欺诈巨款约20万亿韩元（当时1美元=1 034韩元），骗取银行贷款9.8万亿韩元。该集团公司的出口额达176亿美元，曾占韩国年出口总额的13.3%，但由于欠下巨额债务而被迫解体。

财产清查能检查会计信息系统是否正常运行。通过财产清查，可查明各项财产物资的实际结存数是否与账簿相符，以发现记账中的错误。不相符的情况下，要查明原因，分清责任，并按规定的手续及时调整账面数字，使账实相符。这样才能保证账簿中的财务报表是真实可靠的，从而提高会计信息质量。

财产清查的作用

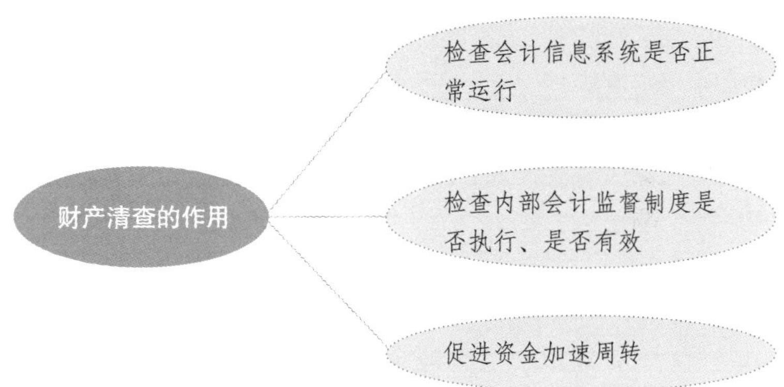

财产清查能检查内部会计监督制度是否执行、是否有效。通过财产清查，可以将各项财产物资的保管情况一一查明，如财产是否完整，有无毁损、变质、被非法挪用、贪污、盗窃等；还可以将各项财产物资的储备和利用情况查明，如储备是否足够，是否有超储、积压、呆滞现象等，以便建立健全有关内部牵制制度，及时采取措施，堵塞漏洞。

财产清查还可促进资金加速周转。通过财产清查，可以及时发现坏账并予以处理。同时，可以及时发现企业财产物资是否有超储积压、占用不合理等情况，以尽早采取措施利用或处理，促进企业合理占用资金，加速资金周转。

专家点评

财产清查是检查会计信息系统运行正常与否的有效保证，是检查内部会计监督制度是否有效的控制措施，也可促进资金加速周转。

财产清查的流程

关键词：盘存清单

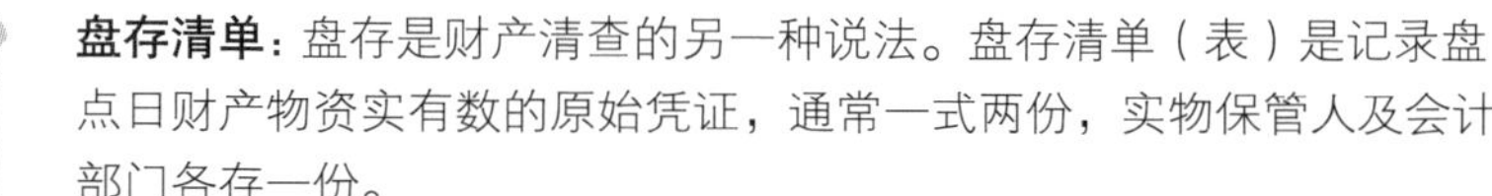

盘存清单：盘存是财产清查的另一种说法。盘存清单（表）是记录盘点日财产物资实有数的原始凭证，通常一式两份，实物保管人及会计部门各存一份。

由于财产清查的工作涉及面广，工作量大，为使财产清查能够工作顺利、有效地进行，就需要遵循一定的程序。一般来说，财产清查的程序进行如下：

1.建立财产清查组织，该组织成员应由单位领导和财务会计、业务、仓库等有关部门的人员组成，可以由管理层研究制订财产清查计划，确定工作进度和方式方法。

经典示例

某企业在财产清查中，发现一台账外设备，其重置完全价值为70 000元，估计已提折旧额20 000元。应收某企业货款60 000元，经清查，确属无法收回，经批准转作坏账损失。

其账务处理如下：

借：固定资产　　70 000

贷：累计折旧　　20 000

待处理财产损溢——待处理固定资产损溢　　50 000

借：管理费用　　60 000

贷：应收账款　　60 000

2.组织清查人员学习有关政策规定，掌握有关法律、法规和相关业务知识，以提高财产清查工作的质量。

3.确定清查对象、范围，明确清查任务。

4.制定清查方案，具体安排清查内容、时间、步骤、方法，以及必要的清查前准备。

5.清查时的原则是先清查数量、核对有关账簿记录等，后认定质量。

6.填制盘存清单。要做好盘点记录，填制盘存清单，将所查财产物资的实存数量和款项及债权债务的实有数额都列明。

7.根据盘存清单填制实物、往来账项清查结果报告表。

______部固定资产盘存表

盘存日期：____年____月____日

序号	物料编号	物品名称	数量	规格/型号	使用人	备注
1						
2						
3						
4						
5						
6						
7						
8						
9						
10						
11						
12						

填表人：__________　初盘人：__________　抽盘人：__________

专家点评

对于财产清查中发现的盘盈或盘亏，应及时调整账面记录，以保证账实相符。

当前财务的盘存制度

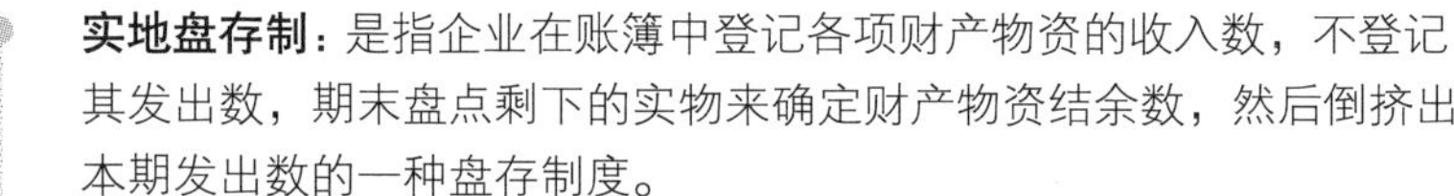

关键词：实地盘存制 永续盘存制

实地盘存制：是指企业在账簿中登记各项财产物资的收入数，不登记其发出数，期末盘点剩下的实物来确定财产物资结余数，然后倒挤出本期发出数的一种盘存制度。

永续盘存制：是指企业根据原始凭证和记账凭证，在账簿中对各项财产物资的收入和发出的数量及金额连续登记，都必须随时结出账面余额的一种盘存制度。

当前财务的盘存制度有实地盘存制和永续盘存制。

实地盘存制的计算公式为：本期发出数=期初结存数+本期收入数−期末实存数

这种方法的优点是简便易行，平时不需记录存货的数量和成本，月末汇总计算即可，但如果内部控制制度不严，期末实存数的正确性就成问题，从而导致本期发出数也未必可靠。

经典示例

某商业公司月初库存30件甲商品，单位成本1 000元，本月又购入970件甲商品，单位成本1 000元；本期销售甲商品900件，期末经实地盘点，查明甲商品实存为70件，则按照永续盘存制和实地盘存制可分别计算如下：永续盘存制下销售甲商品的成本=1 000×900=900 000（元）；月末甲商品账面余额=1 000×30+1 000×970−900 000=100 000（元）；实地盘存制下销售甲商品的成本=1 000×30+1 000×970−1 000×70=930 000（元）

永续盘存制的计算公式为：期末账面结存数=期初账面结存数

+本期收入数−本期发出数

这种方法手续比较严密，对财产物资的发出逐笔都有记录，且有原始凭证为依据，容易追查差错的来龙去脉，也容易控制差错和非法行为的发生，有利于加强财产管理，因此为大多数企业所应用。

实地盘存制和永续盘存制的优缺点对比

优点

实地盘存制

- 简便易行
- 平时不需记录存货的数量和成本
- 月末汇总计算即可

永续盘存制

- 手续比较严密，对财产物资的发出逐笔都有记录
- 有原始凭证为依据，容易追查差错的来龙去脉
- 容易控制差错和非法行为的发生
- 有利于加强财产管理

实地盘存制

- 如果内部控制制度不严，期末实存数的正确性就成问题，从而导致本期发出数也未必可靠

永续盘存制

- 工作量大，账簿记录与实际盘存的数量和金额，仍然有发生差异的可能

专家点评

在会计核算中，大部分企业的财产物资盘查均应采用永续盘存制。

财产清查的主要方法

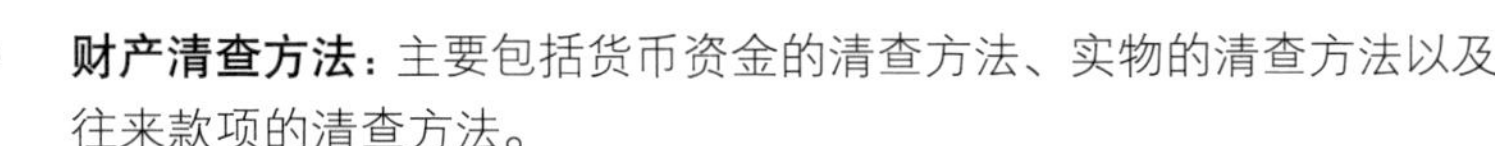

关键词：财产清查方法

财产清查方法：主要包括货币资金的清查方法、实物的清查方法以及往来款项的清查方法。

经典示例

某公司在财产清查中，发现材料收发计量错误，盘盈 × 材料 60 000 千克，实际单位成本 1 200 元，经查明属于该公司的会计材料如下：

1. 批准处理前

借：原材料 72 000 000 元

贷：待处理财产损溢 72 000 000 元

2. 批准材料后

借：待处理财产损溢 72 000 000 元

贷：管理费用 72 000 000 元

货币资金的清查方法又分库存现金的清查和银行存款的清查。对库存现金的清查，主要是通过实地盘点的方法，确定库存现金的实存数与账存数是否相等，以查明盈亏情况。盘点以后，对发现的差错应查明原因，予以处理。对白条抵库、坐支现金和库存现金超过限额等情况，应在备注栏中说明。对银行存款的清查，一般采用与开户银行核对账目的方法进行，确定银行存款对账单余额与本单位银行存款日记账的账面余额是否相符。由于银行存款收付业务很多，企业和银行入账时间又各不相同，往往会出现企业的银行存款日记账数额和银行对账单数额不符的情况，如果双方的余额不符，完全

是由于存在未达账项造成的；如果调节后双方的余额仍不相等，就表明还存在记账错误，应进一步查明原因，予以更正。需要注意的是：未达账项不是错账、漏账，只应在银行存款余额调节表中进行调节，而不能据以进行任何的账务处理。

实物的清查方法又分存货的清查和固定资产的清查。固定资产的清查方法又有实地盘点法和技术推算法两种。实地盘点法是指在财产物资存放现场逐一清点数量或用计量仪器确定其实存数的一种方法。技术推算法是指利用技术方法推算财产物资实存数的方法。

往来款项的清查一般都采用发函询证的方法进行核对。

财产清查方法

- 财产清查方法
  - 货币资金的清查方法
    - 库存现金的清查
    - 银行存款的清查
  - 实物的清查方法
    - 存货的清查
    - 固定资产的清查
  - 往来款项的清查方法

专家点评

通过财产清查，可以发现账实的差异，可以查明各项财产物资的实有数与账面记录是否相符，可以查明发生差异的原因和责任，并及时进行账面调整以及采取措施，切实做到账实相符。

银行存款的清查方法

****

关键词：银行存款的清查

银行存款的清查：一般采用与开户银行核对账目的方法进行，即将本单位的银行存款日记账与开户银行转来的对账单逐笔进行核对，查明账实是否相符。

由于银行存款收付业务很多，企业和银行入账时间又各不相同，偶尔会出现企业的银行存款日记账与银行对账单两者数额不符的情况，这主要是由两种原因引起的：一是一方或双方记账错误，如错记、漏记、串户记账等；二是存在未达账项。

未达账项是指单位或银行一方已经记账，而另一方因尚未接到有关凭证而尚未记账的账项。未达账项有以下四种情况：

经典示例

某企业20××年×月×日银行存款日记账的账面余额为920 000元，银行对账单的余额为1 050 000元，经逐笔核对，查明几笔未达账项：①企业月末将收到的转账支票6 000元送存银行，企业已记账，而银行因尚未办妥划款手续尚未记账；②企业月末开出转账支票4 500元，企业已记账，而收票人尚未向银行办理进账，银行尚未记账；③银行代企业收入销货款133 000元，银行已记账，而企业尚未收到银行收款通知，因而未记账；④银行收取了企业短期借款第一季度的利息1 500元，银行已记账，而企业尚未收到银行的计付利息通知单，因而未记账。

1.单位已记银行存款增加，而开户银行尚未记账。

2.单位已记银行存款减少，而开户银行尚未记账。

3.开户银行已记单位存款增加，而单位尚未记账。

4.开户银行已记单位存款减少，而单位尚未记账。

调节后的银行存款余额，是月末企业真正实有的银行存款数额，即企业实际可动用的存款数额。

银行存款余额调节表

银行存款余额调节表

开户行及账号　　　　　　　　　　　　金额单位：元

项目	金额	项目	金额
企业银行存款日记账余额		银行对账单余额	
加：银行已收、企业未收款		加：企业已收、银行未收款	
减：银行已付、企业未付款		减：企业已付、银行未付款	
调节后的存款余额		调节后的存款余额	

主管：　　　　　　会计：　　　　　　出纳：

编制单位：________

专家点评

未达账并不是错账、漏账，因此只能在银行存款余额调节表中进行调节，而不能据以进行任何的账务处理，待收到有关结算凭证之后（即由未达账项变成已达账项），再与正常的银行存款收付业务一样进行账务处理。

实物资产的清查方法

****

关键词：实物资产清查

实物资产清查：即对原材料、在产品、库存商品及固定资产等财产物资的清查，不仅要从数量上核对账面数与实物数，而且要查明是否有损坏、变质等情况。

相比于账务盘点，物资的清查更加复杂，必须根据货物的不同选择不同的清查方式：

1.成件堆放、包装完整的财产物资可以按大件清点，必要时可以抽查清点。

2.散装分散的物资，可以用移位盘点、过秤盘点或分处盘点，防止漏盘或重盘。

盘存单

单位名称：______　　盘点时间：______　　编号：______

财产类别：______　　存放地点：______

仓库号	名称	规格	计量单位	盘点数量	单价	金额	备注
1							
2							

盘点人签章：　　　　实物保管人签章：

主管人员：　　　　会计：

3.大量成堆、难以清点的物资，可以用量方、计尺等技术推算方式进行盘点。

4.房屋及机器设备等，不仅要盘点其数量和附属部件，而且要查明其使用情况，以发现其利用和保管上存在的问题。在清查过程中，要确保实物保管员在场，明确经济责任。清查盘点后，应如实填写“盘存单”，并由盘点人和实物保管员签章。

盘存单格式见上页表。

要查明实存数与账存数是否有相符，应根据盘存单和账簿记录编制“实存账存对比表”，作为分析差异原因、明确经济责任的依据。其格式见下表：

实存账存对比表

单位名称：　　　　　　　　　　　　　　　年　月　日

主管人员：　　　会计：

如果清查出残存变质物资、伪劣产品，应另行编制盘存情况表，写明损失程度及金额。经盘点小组研究决定后提出处理意见，凡情节比较严重的应做专案说明。“残存变质物资、伪劣产品情况表”格式见下表：

残存变质物资、伪劣产品情况表

单位名称：　　　　　　　　　　　　　　　年　月　日

主管人员：　　　会计：

专家点评

实物资产尤其是存货，应当定期盘点，每年至少盘点一次。出现异常情况，应当于办理年终决算前查明原因，在年终结账前处理完毕。

往来结算款项的清查方法

关键词：往来结算款项

往来结算款项：主要包括应收款、应付款和暂收、暂付款等。

往来款项清查是为了保障企业财务的安全，维护经济纪律，贯彻执行企业财务制度，促进企业的对外经济往来顺畅运行。

通常，企业的往来结算款项的清查工作，一般是采用发函询证的方式，进行清查的企业按照每一个财务往来对象，分别编制“往来款项对账单”，然后送交业务对方，请对方进行核实查证后，依实际情况进行回执。

经典示例

20×× 年 12 月末，某企业给 A 公司发函核对往来款项的时候，发现有 70 000 元的差异，后查明原因，原来，某企业偿还 A 公司货款 70 000 元，并已登记入账，但银行尚未登记入账，A 公司还没有收到货款。

清查往来款项，一般也是采取与对方单位核对账目的方法，主要分以下三个步骤：

1.将本单位的往来账款核对清楚，确认总分类账与明细分类账的余额相等。

2.向对方单位填发对账单。对账单的格式一般为一式两联，其中一联作为回单，对方单位如核对相符，应在回单联上盖章后退回。如发现数字不符，应在回单联上注明，作为进一步核对的

依据。

3.收到回单后，应填制“往来款项清查表”，并及时催收应该收回的账款，积极处理呆账悬案。“往来款项清查表”的格式见下表：

往来款项清查表

审计　　　　年　月　日

总分类账户名称：

编制人：　　　　会计：　　　　复核人：

序号	单位名称	账面数	调整数	审定数	备注
1					
2					
3					
4					
5					
6					
7					
8					
合　计					

审计结论：

专家点评

往来款项清查核对，一般是采用发函询证的方式。

核算清查结果

****

关键词：盘盈 盘亏

盘盈：财产清查中发现实存数大于账面存数或价值。
盘亏：盘点实物存数或价值小于账面存数或价值。

完成清点后需要对清点结果做会计处理。单位的固定资产盘盈，不通过该账户核算，而应作为前期差错记入“以前年度损益调整”账户。

库存现金盘点盈亏的账务处理　企业应当按照规定进行现金清查，一般采用实地盘点法。对于清查的结果应当编制现金盘点报告

经典示例

某中型企业在财产清查中，查明库存现金短款 22.70 元，库存现金长款 25 元，盘盈材料一批，按同类材料估计确定其成本为 1 000 元，盘亏材料 2 000 元，增值税率为 13%，共计 2 260 元。会计分录如下：

借：管理费用——现金短缺　22.70
贷：待处理财产损溢　22.70
借：待处理财产损溢　25
贷：营业外收入　25
借：待处理财产损溢　1 000
贷：管理费用　1 000
借：待处理财产损溢　2 260
贷：原材料　2 000
应交税费——应交增值税（进项税额转出）　260

单。如果有挪用现金、白条顶库的情况，应及时予以纠正；对于超额留存的现金应及时送存银行。如果账款不符，发现有待查原因的现金短缺或溢余，应先通过“待处理财产损溢”科目核算。

存货盘盈、盘亏的账务处理　对于存货的盘盈，应及时办理存货的入账手续，按盘盈存货的计划成本或估计成本，调整存货账面数，记入“待处理财产损溢”科目。经查明原因和有关部门批准后，再根据批复意见做冲减“管理费用”等处理。

固定资产盘盈、盘亏的账务处理　盘盈的固定资产，应按重置成本确定其入账价值，作为前期差错处理，在按管理权限报经批准处理前，应先通过“以前年度损益调整”账户核算。

盘亏的固定资产应按其账面价值先通过“待处理财产损溢”账户核算，报经批准转销时，再作为盘亏损失转入“营业外支出”账户。

现金盘点报告单

现金盘点报告单

单位名称：　　　　　　　　　　　　　　　　年　　月　　日

账面金额	实存金额	对比结果		备注
		盘盈	盘亏	

盘点人：　　　　　　　　　　出纳：

专家点评

如果企业之间存在债务、债权款项，除了进行正常的往来结算业务清查外，还应注意债务债权的时限，避免出现逾期的业务款项，进而造成呆账、坏账，产生财务漏洞。

妥善应对财产清查结果

关键词：盘盈盘亏的转销

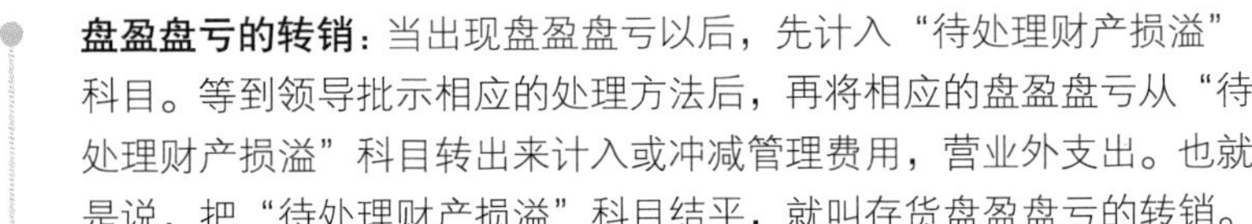

盘盈盘亏的转销：当出现盘盈盘亏以后，先计入“待处理财产损溢”科目。等到领导批示相应的处理方法后，再将相应的盘盈盘亏从“待处理财产损溢”科目转出来计入或冲减管理费用，营业外支出。也就是说，把“待处理财产损溢”科目结平，就叫存货盘盈盘亏的转销。

企业财务清查工作结束后，就应该开始根据清查结果进行相应处理。其中最基本的工作是进行财务处理，做到账实相符。除此之外，通过对清查结果的处理，发现企业管理漏洞，提出改进财务管理工作的切实有效措施，也是会计的管理职能的重要体现。

在实际工作中，财产清查结果的会计处理分以下两步进行：

经典示例

某企业财产清查中，发现盘亏材料 50 000 元，其中 35 000 元属于非常损失，15 000 元属于自然损耗。

1. 在报经批准前，根据“账存实存对比表”确定的材料盘亏数，编制会计分录如下：

借：待处理财产损溢　　50 000

贷：原材料　　50 000

2. 在批准后，根据批准处理意见，转销材料盘亏的会计分录如下：

借：管理费用　　15 000

营业外支出　　35 000

贷：待处理财产损溢　　50 000

1.审批之前的处理

对于已查明的财产物资的盘盈、盘亏和毁损，在报经审批之前应根据“实存账存对比表”等已经查实的数据资料，编制记账凭证，及时记入有关账簿，使账簿记录与实际盘存数相符，同时根据企业的管理权限，将处理建议报股东大会或董事会，或经理（厂长）会议或类似机构审批。

2.审批之后的处理

财产物资的盘盈、盘亏和毁损经审查批准后，应根据审批意见和发生差异的性质及原因进行差异处理，如自然损耗列入“管理费用”，责任人赔偿列入“其他应收款”，非常损失列入“营业外支出”，调整账项。

通常，企业在对财产清查结果进行上述处理工作的同时，还需要设置“待处理财产损溢”的总账账户，并在其下设立“待处理流动资产损溢”和“待处理固定资产损溢”两个明细分类账，分别对应流动资产和固定资产损益的核算工作。

财产清查结果处理

发生额	盘亏	盘盈
	转销盘盈	转销盘亏
余额	未处理的盘亏	未处理的盘盈
	未处理的盘盈	未处理的盘亏

专家点评

财产清查的结果，通常是账存数与实存数相符；账存数大于实存数，财产物资发生盘亏；账存数小于实存数，财产物资发生盘盈三种情况。

清查结果中的疑点

＊＊

关键词：积压财产

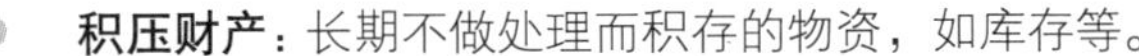

积压财产：长期不做处理而积存的物资，如库存等。

对财产清查中发现的盘盈、盘亏，应查明原因，按照一定的程序，严肃认真地予以处理。

经典示例

某公司在20××年12月的清查中，盘盈一台固定资产，评估价值120 000元，累计折旧为20 000元。其会计处理正确、手续齐全，但次年营业外收入增幅较大。其盘盈的真实性也让人产生了疑虑。后经过多方了解，原来该公司为完成上级“三年扭亏”目标，到外公司借入固定资产，达到虚增利润的目的。

1.分析产生差异的原因和性质，提出处理建议

对于财产清查中发现的各种盘盈、盘亏以及质量问题。应核准数字，调查分析发生盈、亏的原因及性质，明确经济责任，并报由相关负责人批准。因自然原因引起的，应办理有关手续并及时转账；因企业经营管理不善造成的损失，应按规定程序报请批准后处理；因个人原因造成的损失，应由个人赔偿；因自然灾害引起的意外损失，如属投保财产，应向保险公司索赔等。

2.积极处理多余积压财产，清理往来款项

对于财产清查中发现的积压、多余财产物资，应查明原因，并根据不同情况进行处理。

3.总结经验教训，建立健全各项管理制度

对于财产清查中发现的各种问题，应在查明问题性质和原因的基础上，认真总结财产管理的经验教训，制订改进工作的具体措施。建立健全财产物资管理制度，进一步落实财产管理责任制，保护单位财产的安全与完整，不断提高管理水平。

4.及时调整账簿记录，保证账实相符

对于查明的各种盘盈、盘亏，应及时调整有关财产物资的账簿记录，并作为待处理财产损溢。在查明原因经批准处理后，再按批准的意见转账，进行相应的账务处理。对于各种往来款项，如在清查中发现差错，也应及时调整账目。对于查明的确实无法收回的应收款项，应按规定手续经批准后予以核销。

处理财产清查结果的要求

处理财产清查结果的要求
- 分析产生差异的原因和性质，提出处理建议
- 积极处理多余积压财产，清理往来款项
- 总结经验教训，建立健全各项管理制度
- 及时调整账簿记录，保证账实相符

专家点评

会计人员要细心对待清查结果中出现的各种不合理现象，明察秋毫，看透结果中可能出现的疑点。

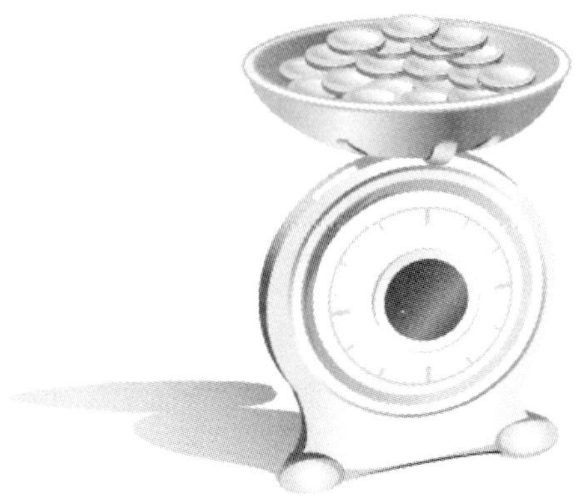

会计漏洞和应对

随着计算机信息技术的不断发展，会计电算化也给会计业务的处理带去了极大的便利。但是会计漏洞从来就存在，即使实行了会计电算化，会计漏洞也依然会给企业单位带去损失。因此，加强会计管理、找出应对会计漏洞的方法是当务之急。本章就针对会计漏洞这一重要问题，提出了相应的应对、改进策略。

白条入账

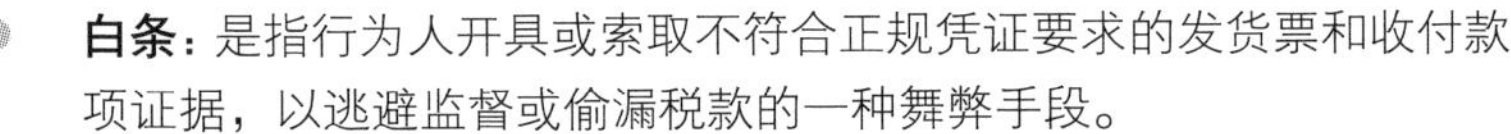

关键词：白条 白条顶库

白条：是指行为人开具或索取不符合正规凭证要求的发货票和收付款项证据，以逃避监督或偷漏税款的一种舞弊手段。

白条顶库：是指用不合法的便条、白头单据来抵补库存现金的行为，又称“白条抵库”。这种做法是一种违反现金管理制度的行为，需坚决制止。

经典示例

某石化厂按规定年度业务招待费为28万元，但到当年6月底招待费实际支出额已达26万元，为了使全年的招待费不超过规定数额28万元，厂领导和会计人员便合计以报销劳保用品为名套取现金，用于招待费支出。随后，他们从劳保商店弄来一张空白发票，自己编造了有关数据，填入10万元的空白发票，会计人员使用伪造发票进行了相关的会计处理，套取现金10万元，以个人名义存储，用来“压缩”超支的招待费。

白条顶库的主要手法有：

1.打白条子，即以个人或单位的名义，在白纸上书写证明收支款项或领发货物的字样，作为发票来充当原始凭证。

2.以收据代替发票。这种手法经常用来偷逃税款，当一些个体私营业主面对的消费者为个人时，只开具收据来证明有此项经济业务，而不开发票，以避免税务机关的检查而偷逃税款。

3.不按规定用途使用发票，如以零售、批发商业发票来代替饮

食服务行业发票。

4.不按规定要求开具发票。如不加盖财务专用章，没有有关人员签字等。

使用“白条”报账，在当今经济生活中是经常可见的，有的单位购进商品时，支付劳务费用没有取得正式发票，而以收据或手写白条入账；有的单位个人通过一些借口借用单位的现金或银行存款，将钱花了，却无正式发票，为了弥补库存现金或银行存款出现的短缺，大都用不符合财务制度规定的“白条”，甚至只是由业务经办人员写一纸说明，以此顶库，对“白条”的真实性、合法性没有严格审核和把关。

打白条的主要手法

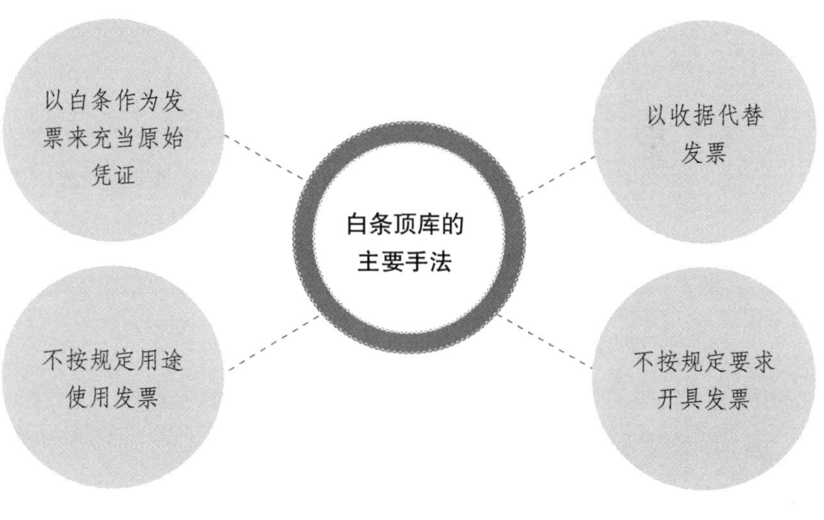

专家点评

“白条入账”主要是影响会计确认，以及税务上的企业所得税，它意味着企业的某项资产被“白条”顶替拿走了。

发票“变脸”

****

关键词：虚开发票

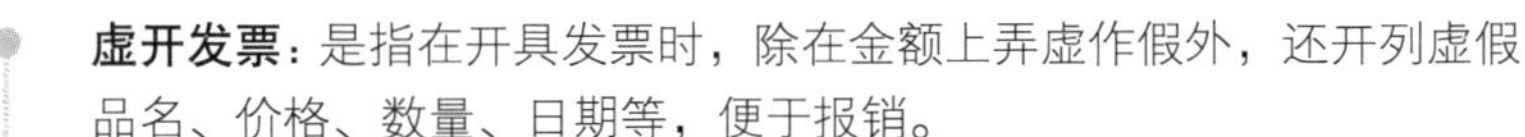

虚开发票：是指在开具发票时，除在金额上弄虚作假外，还开列虚假品名、价格、数量、日期等，便于报销。

发票作为最有效的会计凭证，在经济生活中，却来了个“大变脸”，它以各种形象出现在人们面前。发票的一些违规使用有哪些方面?

使用虚假发票。这种虚假发票包括两种情况，一种是发票本身是假的，另一种情况就是发票所记载的内容是虚假的。一些单位以虚开增值税发票牟取暴利，一些单位以取得的假发票来逃避税务机关的检查，给国家财政造成巨大损失。

经典示例

某企业在为员工谋取福利购买皮衣时，因属违规行为，就在购买服装付款时，要求对方不按皮装开具，而将服装换成一般生产用材料和运杂费来填写发票。财会部门收到对方填写的虚假发票和有关结算凭证时，为了掩盖真相，又办理了假入库和假出库手续。会计部门均以假出库凭单做账。

自制假单据、虚开发票。具体手法：

1.虚假品名

用便于报销的物品名称代替不符合报销要求的实物名称，例如购买食品开列为办公用品等。

2.虚假价格

根据需要或虚假的货物品名开列与之相符的价格。虚假价格具有高开、低开、平开三种方式。

3.虚假数量

按需要或配合虚假货物价格开列与之相符的数量，虚假数量具有多计、少计、等计三种方式。

4.假票真开

用假发票开具真实业务。如自制假的支出单据，开支一些正常业务无法报销的费用，或用自行印制的专用收据隐瞒收入。现在的一些职称、执业资格考试的某些主办单位就在报名、售书上大做文章，用国家统一的行政事业专用收费收据开考务费、报名费，而校账、涂卡则开自制收据（白条），以用来搞创收，偷逃税款。

发票怎样变脸

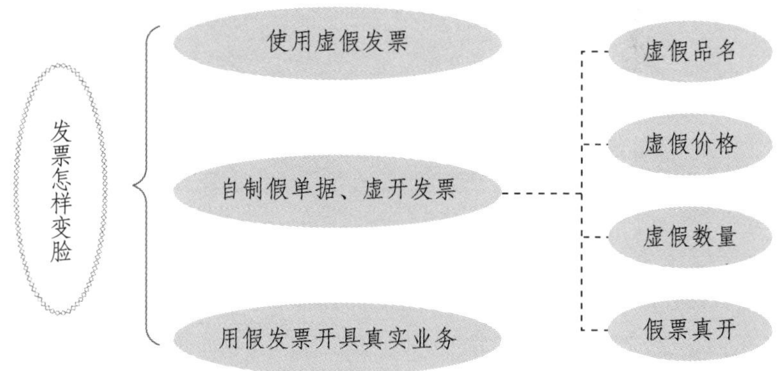

专家点评

有位财务人员说得好：“说白了，购买假发票都是为了做假账！有的是公司做假账，有的是个人做假账。”

证证不符

****

关键词：证证不符

证证不符：指原始凭证与记账凭证二者之间的不相符。

经典示例

《会计法》第四十二条规定："未按照规定填制、取得原始凭证或者填制、取得的原始凭证不符合规定的行为，有可能承担的行政法律责任包括责令限期改正、给予行政处分、罚款、吊销会计从业资格证书等。"

《会计法》第十四条规定："会计机构、会计人员必须按照国家统一的会计制度的规定对原始凭证进行审核，对不真实、不合法的原始凭证有权不予接受，并向单位负责人报告；对记载不准确、不完整的原始凭证予以退回，并要求按照国家统一的会计制度的规定更正、补充。"

按照这两条规定，会计人员在收到原始凭证时应当严加审核，确保原始凭证真实合法之后再编制记账凭证，且其在编制记账凭证时，应当完全按照原始凭证的业务种类、涉及科目以及金额等信息如实填写。

证证不符，可以说是普遍性的，有的原始凭证所记录的经济业务内容，发生日期与记账凭证所用会计科目应反映的内容、记账日期明显不符；有的记账凭证上所列明的原始凭证张数与实际所附张数不符等。

如审查某企业凭证时，就发现该企业为粉饰财务状况，虚构产品销售，授意财务会员设法增加150万元的销售收入，财会人员即直接编制记账凭证，摘要填写销售商品给某公司，并据以记账，后无附

任何原始凭证。

生活中会有各种财产账实不符的现象，造成这些的主要原因有以下几个方面：

1.由于计量、检验不准确，使在收、发各项财产过程中发生品种、数量或质量上的差错；

2.当财产发生增减变动时，没有及时填制凭证便进行登记入账，或者在填制凭证和登账时，发生计算上或登记上的差错；

3.受到气候等自然因素影响，使得财产在被保管过程中发生了数量和质量上的变化；

4.工作人员的失职或保管不善，使发生财产残损、变质或短缺，以及其导致的货币资金、债权债务的差错；

5.工作人员或不法分子营私舞弊，贪污盗窃等而造成的财产物资损失；

6.因为自然灾害或意外事故造成的财产物资损失；

7.相关工作人员结算凭证的传递不及时而造成的未达账项。

证证不符

专家点评

会计人员要特别注意核对和保管好会计凭证及原始凭证，以免给公司带来损失。

常见会计账簿虚假情况1

****

关键词：收入不入账 挂账

收入不入账：这类现象主要指财会人员将收入隐匿不报，不报账、不交公而私自占用。

挂账：不属于会计学中的术语，因为挂账具有不规范性，只是根据会计人员使用的惯性，挂账一词便被用到了会计学中。

一些常见的会计账簿虚假情况，主要有涂改账日、恶意改账、做假账、不正当挂账、业务不入账、账账不符、账证不符、账表不符、抽动账页、毁灭账簿记录、提前结账等办法。

经典示例

2017 年 11 月 28 日，中国证监会主席刘士余在立信会计师事务所九十周年的活动中发言表示：会计师事务所是行业的底线，要树立行业自信，坚守诚信道德，接受行业监督。

涂改、销毁、损坏账簿。同类似涂改凭证的方法来篡改有关账簿，有的则故意制造事故，造成账簿不慎被毁的假象，以达到掩盖不法行为的目的。

不按规定登账。在登记账簿的过程中，不按照记账凭证的内容和要求记账，而是随意改动业务内容，故意使用错误的账户，使借贷方科目弄错，混淆业务应有的对应关系，以掩饰其违法乱纪的意图。

不正当挂账。挂账作假就是利用往来科目和结算科目将经济业务不结清到位而是挂在账上，或者将有关资金款项挂在往来项目上，待时机成熟再回到账中，以达到“缓冲”，不露声色并隐藏事实真相之目的。

收入不入账。其主要手段有：对于罚没款、管理费和上级拔款等，不报账、不上交、私自扣留；对于销售货物或提供劳务收取的现金回扣和银行存款，按应收账款长期挂账、伺机挪用或侵吞；在销售货物、提供劳务，特别是出售账外废旧物资时，采取少计价款，不开发票，不入账等方式直接侵吞；在一些商业零售及服务企业，由于不是每笔业务都开发票，票面金额则可能小于实收金额，柜台人员按票面金额报交收入，侵吞差额款项。

结账作假。这类手法主要是指单位在结账及编制报表的过程中，通过提前或推迟结账、结总增列或结总减列和结账空转等手法故意多加或减少数据，虚列账面金额，或为了人为地把账做平，而故意调节账面数据，以达到不法目的。

常见会计账簿虚假情况

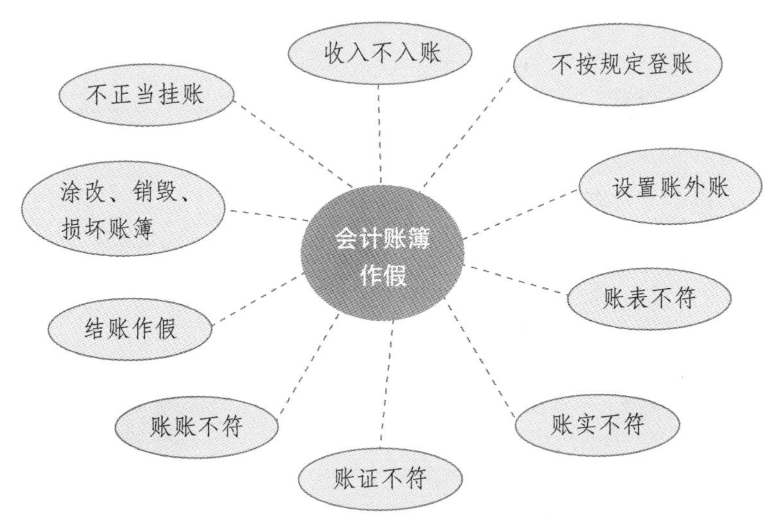

专家点评

会计账簿的作假，主要发生在记账、算账、转账、结账、报账等过程中。

常见会计账簿虚假情况2

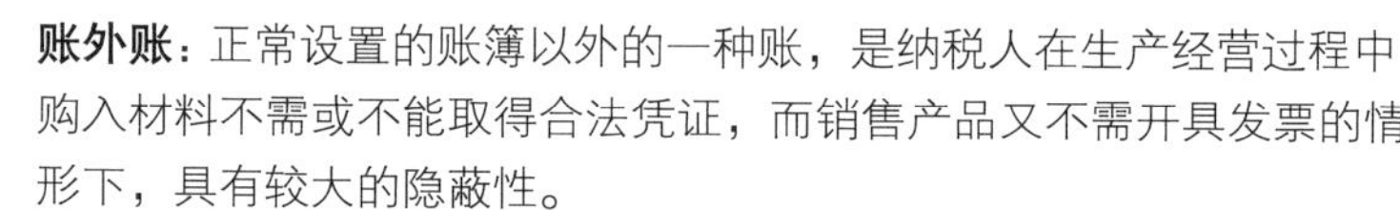

关键词：账外账

账外账：正常设置的账簿以外的一种账，是纳税人在生产经营过程中购入材料不需或不能取得合法凭证，而销售产品又不需开具发票的情形下，具有较大的隐蔽性。

账账不符。根据财务会计制度的规定，账簿与账簿之间存在一定的钩稽关系，如总账与明细账余额相等且余额方向一致；所有资产总账余额与负债和权益总额必须相等，一些单位由于会计核对不合规，往来债权、债务长期不清，加上会计人员对国家法律法规和制度的学习理解不准确，账账不符的现象十分严重。

经典示例

某公司有两套财务账册，不但私设小金库，作为年末职工奖金和福利费支出，还搞账外经营，以各种名目将资金套取出来，另行开设账户进行经营，整个经营活动另设账簿核算，在法定账册内没有任何反映。

账证不符。根据财会制度的规定，一切账簿记录都是根据会计凭证登记的，会计凭证与会计账簿二者之间应当完全相符。但现实生活中，会计账簿与会计凭证不符，多记、少记、重记、漏记、错记等造成会计信息虚假的情况时有发生。

账实不符。根据国家财会制度的规定，有关存货、货币、固定资产、债券等实物资产，其账簿记录必须与实物保持一致。但各单

位账实不符的情况却十分突出，有的有账无物、有的有物无账，还有的账物不符，这种混乱的情势是非常容易给一些不法分子以可乘之机。

账表不符。根据国家财会制度的规定，单位的账簿金额应与报表对应的资产、负债、权益、收入、费用等项目金额相符，但在现实的经济生活中，许多单位的账簿与会计报表存在出入，有时大相径庭。

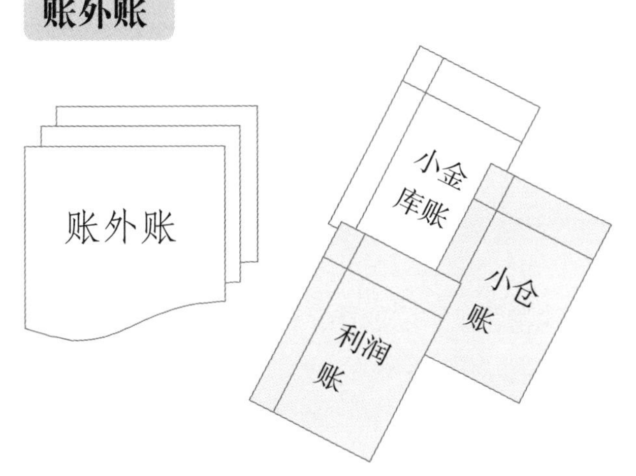

设置账外账。虽然国家三令五申严令禁止账外设账，但一些单位置国家规定于不顾，采用虚列费用等多种方式，套取资金，另行设账，以隐藏不法经济活动。关于账外账，主要有三种：账外现金账和银行存款账，即小金库账；账外资产账，即小仓账；账外成本、权益、利润账。

专家点评

一般来说，会计账簿作假是企业为了自己利益而进行的违规操作，甚至严重的，会上升到违法犯罪。企业应该加强会计职业道德建设，提高会计人员的业务能力、加大惩处力度，可同时追究企业领导的连带责任，进一步加强会计内部监督，做到有章可循，有法可依。

常见的会计报表作假手法

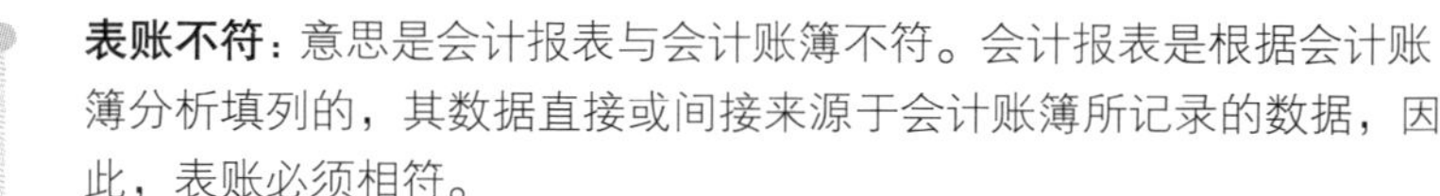

关键词：表账不符

表账不符：意思是会计报表与会计账簿不符。会计报表是根据会计账簿分析填列的，其数据直接或间接来源于会计账簿所记录的数据，因此，表账必须相符。

常见的会计报表作假手法有：

表表不符。在单位对外提供的一些报表之间存在一定的钩稽关系。如资产负债表中的未分配利润与利润分配表中的未分配利润应该一致；利润分配表中的净利润应与损益表中净利润的金额应该相同。但是，单位表表不符的现象却是屡见不鲜的。

经典示例

某企业在编制合并报表时，与下属子公司的内部销售收入未做抵销，而只是简单地相加，因此造成虚增销售，浮夸业绩，信息失真的严重后果；还有的企业在编制合并会计报表时，将下属已“关、停、并、转”的子公司也纳入合并范围，从而使会计信息失去真正的参考价值。

表账不符。在实际的经济活动中，表账不相符的情况比比皆是。如某单位为了增大管理费用，直接在损益中多计管理费用10万元，在资产负债表中同时将应收账款和坏账准备金增大。

虚报盈亏。一些单位为了某些不法目的，随意调整报表金额，人为地加大资产调整利润；或为了逃税，避免检查而加大成本费用，减小利润。虚假的会计报表传递的会计信息是虚假的，误导与欺骗了报表使用者，使他们做出错误的决策。

报表附注不真实。会计报表附注是会计报表的补充，主要是对会计报表不能包括的内容或者披露不详尽的内容做进一步的解释说明，包括对基本会计假设发生变化的事项不做说明，欺骗报表使用者。在报表附注中弄虚作假，虽不影响报表金额，但对该单位的一些经营活动及前景有极大影响。

编制合并报表时弄虚作假。主要有合并报表编制范围不当，将符合编制合并报表条件的未进行合并，不符合编制合并报表条件的而予以合并或不按规定正确合并，合并资产负债表的抵销项目不完整，尤其是内部债权债务不区分集团内部和外部的往来，使得合并抵销时不能全部抵销；合并损益表也存在内销和外销部分没有正确区分，使得内部交易金额不能全部抵销，未实现内部销售利润计算错误等现象。

常见的会计报表作假手法

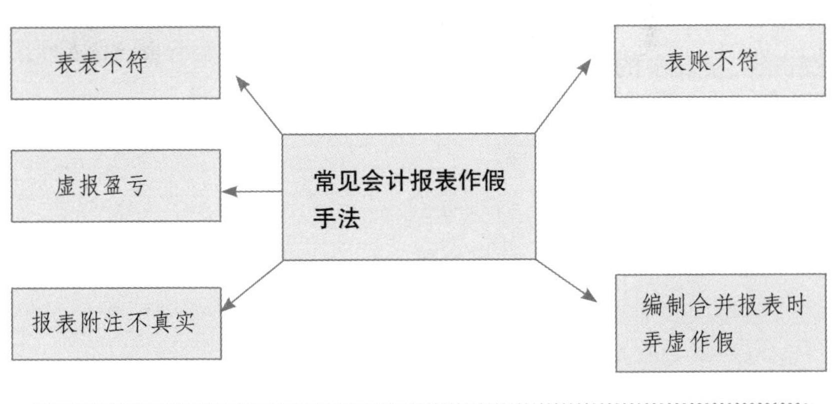

专家点评

会计核算本要提供真实的会计信息，如实反映单位资产负债、收入等真实情况，但是，由于一些不法分子的不法企图，使假账有了滋生的温床，为假账冠冕堂皇地登堂入室，搭起了桥梁。

常见的现金作假方式1

关键词：货币资金

货币资金：是商品交换的媒介，可用来购买货物或劳务，偿还债务，存入银行或进行其他结算，是企业直接用于结算和支付的资金，包括现金、银行存款和其他货币资金。

财会舞弊的最终目的大都是为了获取货币资金，现金业务的作假方式主要有：

经典示例

某IT公司的出纳小陈收到一笔880元的提供劳务款，给对方开具了一张从商店买的一式三联的内部收据，后小陈将开了收据的存根联与记账联一并撕毁，把收到的劳务费顺利装进自己的腰包。

1.少列现金收入总额。即企业出纳员或收款员利用企业内部控制混乱，故意将开具的非正式内部收据隐藏或撕毁，以达到发票存根、发票记账联、记账凭证、账簿、报表一致，让人无法发现收入现金的流失。

2.记录错误出现长款。实际工作中，由于会计数字繁多加之会计人员的粗心大意，致使记账发生了错误，总账和明细账不符，若出纳人员素质不高，将会将长款据为己有。

3.要空白发票，多计费用。要空白发票，是上至领导下至一般员工，利用职务之便，套取现金常用的一种手法。

4.涂改凭证，获取利差。涂改凭证是一种非法行为，而不法分子为了满足私欲的膨胀，不择手段进行涂改作假活动。

5.虚列凭证、虚构内容。通过改动凭证或直接虚列支出，如工资、补贴等手段作弊。

6.大头小尾，贪污现金。开票方目无法纪，为所欲为，相关人员利用工作性质，假公济私，多报差额，贪污现金。

7.多报车票，冒领公款。有的单位报销制度不健全，财务人员对报销把关不严，个别人便利用这一机会，将平时非公务积累的一些车票、住宿费等单据混在正常票中一起报销，冒领公款。

现在的单位，多少都有假的单据。而这些单据，并不是全部都是外单位开具的，其中也有一部分是本单位开具的，如本单位的财会或者业务部门做假单据来报账。另外，还有部分单位为了隐瞒真实的货物销售金额，便开具不真实销货发票，以减少库存。结余的金额作为本单位的备用金库，以便用来掩盖不合法的支出。有些单位为了报销正常业务无法报销的开支，也会自制假的支出单据；还有单位，为了隐瞒收入，用自行印制的专业收据。

现金业务的作假方式

- 少列现金收入总额
- 记录错误出现长款
- 要空白发票，多计费用
- 涂改凭证，获取利差
- 虚列凭证、虚构内容
- 大头小尾，贪污现金
- 多报车票，冒领公款

专家点评

“天下攘攘，皆为利往”，金钱是最直接、最有效地满足人们物质和精神生活需要的工具，因而它常常成为不法分子犯罪的根源。

常见的现金作假方式2

****

关键词：坏账

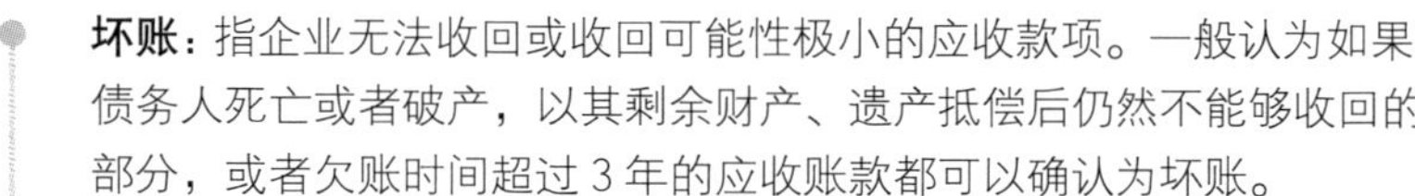

坏账：指企业无法收回或收回可能性极小的应收款项。一般认为如果债务人死亡或者破产，以其剩余财产、遗产抵偿后仍然不能够收回的部分，或者欠账时间超过 3 年的应收账款都可以确认为坏账。

除了前面所提到的一些现金的作假方式外，还有一些方式也较常见，如：

1.公款私存，贪污利息。

2.伪造单据套取现金，私设小金库。单位以购买某种物品为名，套取现金单独存放，用于不当支出。

经典示例

某公司（不是公司的股东）执行董事由于资金紧张，找了一张盖章生效的空白的非限额发票，在发票的上、下各垫上一张复写纸，按发票的格式填写了发票的名称、用途、大小写金额，从公司领取现金数万元。

3.利用借款挪用现金。企业在日常生产经营活动中，往往会存在一些零星支出。

4.延迟入账，挪用现金。按现行财务制度规定，企业收入的现金应及时入账，并及时送存银行。

5.循环入账，挪用现金。企业以盈利为目的，在经营过程中难免会遇到一些常见的往来信誉客户。往来客户往往分期分次付款。这样财务人员可利用这种循环业务关系达到挪用现金之目的。

6.虚报坏账，贪污货款。对尚能收回的货款作为坏账转销，然

后向对方要回全部或部分货款，将其据为己有。

7.非法侵占出售国家和其他单位资产的收入。

8.截留企业的各项罚没收入。

9.开现金支票取款后不入现金账进行贪污。

10.利用吃空额，涂改或虚造工资表中有关内容进行贪污。

11.在销售过程中以缺斤少两、抬高价格等手段进行贪污。

12.用现金支付回扣或存储费。

现金业务的作假方式

公款私存，贪污利息

伪造单据套取现金，私设小金库

利用借款挪用现金

延迟入账，挪用现金

循环入账，挪用现金

虚报坏账，贪污货款

非法侵占出售国家和其他单位资产的收入

截留企业的各项罚没收入

开现金支票取款后不入现金账进行贪污

利用吃空额，涂改或虚造工资表中有关内容进行贪污

在销售过程中以缺斤少两，抬高价格等手段进行贪污

用现金支付回扣或存处费

专家点评

原中国证监会主席周道炯曾说："中国企业的会计，实在难做得很！去银行贷款，要将资产做大；去税务所交税，要将收入做小；向上级邀功，需将利润夸大；私设小金库，又需将利润缩小。"

常见的银行存款作假方式

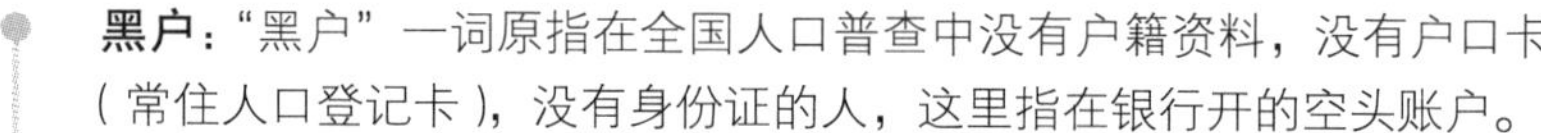

关键词：黑户

黑户："黑户"一词原指在全国人口普查中没有户籍资料，没有户口卡（常住人口登记卡），没有身份证的人，这里指在银行开的空头账户。

银行存款作假方式主要有：

1.出借账户。财务人员或领导利用工作之便，因为交情将账户出借他人的一种作假行为。

2.制造余额差额。

3.重支存款。

4.出借转账支票。会计人员利用工作之便或领导授意，非法将转账支票借与他人进行营利性业务的结算，或将空白支票作抵押进行买卖交易。

经典示例

某市某有限公司，在2018年成立时，注册资本与实收资本均为1 500万元，但至2020年，公司的注册资本和实收资本都突增到了1个亿，后经查，这次"大飞跃"只是当地的三家会计师事务所为了获取高额审计费而出具的虚假审计报告造成的，而在这短短几年时间内，这家公司就凭着事务所的假报表和假报告套取4 000多万元的银行贷款，给国家造成了极大的损失。

5.擅自提现。财务人员在支票管理制度比较混乱，内控制度不健全的情况下，私自签发现金支票，不留存根不记账，将提取的现金据为己有。

6.涂改转账支票存根日期。企业为了逃避税款，在款项不足

付款或不愿付款的情况下，授意财务人员用以前年度或以前已作抵扣下账的付款存根或未用支票存根对日期进行改动作为抵扣付款凭证。

7.支票套物。

8.开立“黑户”截留存款。鉴于银行内部制度不健全，有些单位为了在经营过程中灵活运作，在正常使用的银行账户以外，以某种名义在银行开立别的账户用于收付非法款项或作为企业的小金库。

银行存款作假方式

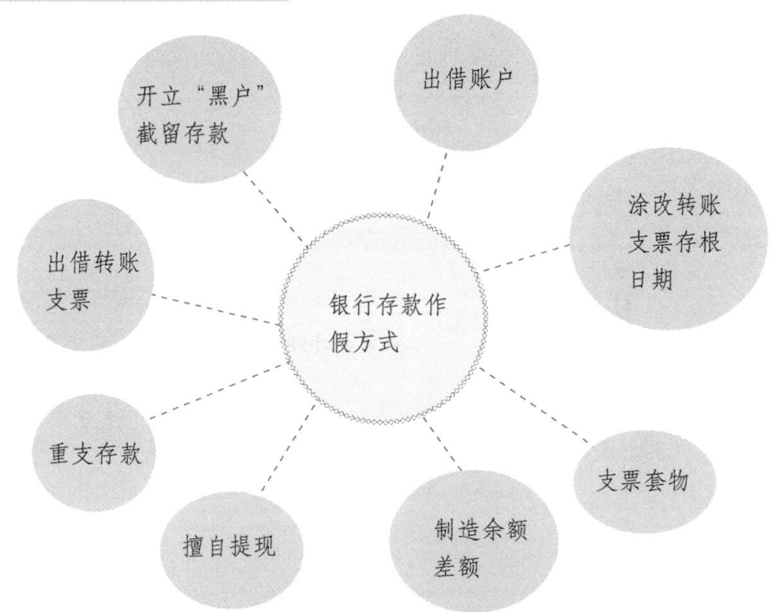

专家点评

在各种假账形式中，关于货币资金形式的假账尤其多，其中，通过银行存款作假又是最为突出的。有些单位领导和财务人员利用职务之便，图谋方便或炫耀自己，利用公款办理私用信用卡。之后，虽然补足挪用的公款，但损害了国家利益。

其他货币资金的作假方式

关键词：外埠存款 在途货币资金 银行本票存款

外埠存款：是企业到外地进行临时或零星采购时，汇往外地银行开设采购专户的款项。

在途货币资金：是指企业与所属单位或上下级之间汇解款项，在月终尚未到达，处于在途的资金。

银行本票存款：是指申请人将款项交存银行，由银行签发给其在同城凭以办理转账结算或支取现金的票据，在办理结算之前形成的存款。

银行汇票的作假方式主要表现在：

1. 银行汇票使用不合理、不合法。

2. 非法转让或贪污银行汇票。

3. 收受无效的银行汇票，给企业带来损失。

外埠存款的作假方式主要有：

1. 非法设立外埠存款账户。

2. 外埠存款非

经典示例

乐平市某公司业务员李某，在2018年8月至2011年11月期间，利用职务上的便利，私自截留了有业务往来关系的江西某公司付给公司的8张银行承兑汇票，共计400万元；乐平某有限责任公司的2张承兑汇票，共计100万元；乐平市某煤炭销售有限公司承兑的6张银行承兑汇票，共计260万元。

李某将这些银行承兑汇票截留后再进行非法贴现，其将钱款全部用于个人赌博和高档消费，共计760万元。2019年11月28日，乐平市公安局将李某以涉嫌职务侵占罪刑事拘留，后法院判处其有期徒刑11年6个月。

理、非法支出。

银行本票的作假方式主要表现在：银行本票与采购金额不一致。

在途货币资金作假的主要表现在：收到存款或收到在途货币资金不做转账处理，挪作他用或者贪污；虚增在途货币资金，如为了虚列销售收入，增加在途货币资金。

其他货币资金包括哪些

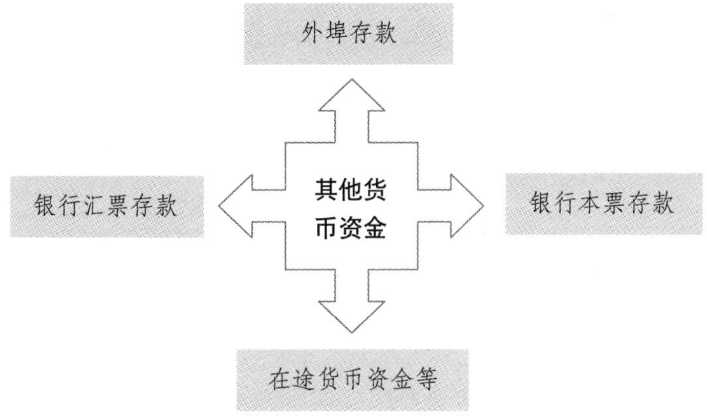

由于会计人员经常会面对大额的金钱往来，如果守不住自己的心，那么极易走上违法犯罪的道路。

识别假账的方法

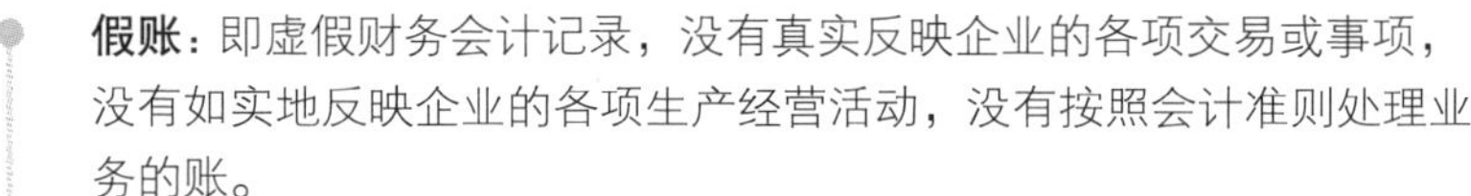

关键词：假账

假账：即虚假财务会计记录，没有真实反映企业的各项交易或事项，没有如实地反映企业的各项生产经营活动，没有按照会计准则处理业务的账。

经典示例

20××年3~8月期间，某市某公司助理会计王某，利用职务上的便利，采取虚假记账等方法，先后4次侵占公司资金共计人民币14万元。这起职务侵占案在某市人民法院审结，被告人王某一审被判处有期徒刑五年，没收财产两万元，并退赔违法侵占的公司财产14万元。

会计假账指那些不符合会计准则和会计制度规定的会计处理，包括会计账务处理和会计信息披露。那么怎么识别假账呢？

1．了解企业的经营情况，查看其是否有造假的动机，如查看其有无大额银行贷款。若有，看其财务指标是否能满足贷款需要。了解企业的生产过程、销售方式、工资结构及商品、材料的进货渠道，这些情况和财务的差异就是查账的线索。深入生产车间和经营场地，对企业生产工序、经营范围进行了解，也能发现一些假账的线索。

2．了解企业内控，特别是资金调控及费用报销流程，关注企业大额资金流向及使用。特别是资金紧张的企业，其每笔资金的开支都是事先预定好的。通过询问大额资金的流向，也能发现蛛丝

马迹。

3.所谓功夫在诗外，发现企业有不合常理的支出应穷追猛打，一定要弄出个所以然。如：在审计一家摩托车销售企业时，发现其有一笔金额较大的广告费支出，经查为购买洗衣机做销售奖励用，其全部列支为费用支出。而按惯例，搞这类活动一般会由生产厂家支持的。经询问，果然此次活动有厂家50%的赞助，而企业为了加大自身的费用，冲减利润，将这些赞助列入了内账。

4.重点检查企业特殊时期、特殊业务的处理。例如春节、中秋节后有无大额的业务支出。若没有，当属不正常。再如查询企业对销售人员工资、提成的财务处理。

识别假账

识别假账

- 了解企业的经营情况，查看其是否有造假的动机，如查看其有无大额银行贷款
- 了解企业内控，特别是资金调控及费用报销流程，关注企业大额资金流向及使用
- 发现企业有不合常理的支出应穷追猛打，一定要弄出个所以然
- 重点检查企业特殊时期、特殊业务的处理

专家点评

朱镕基在任总理期间，唯一的一次题词，是为上海国家会计学院题写的“不做假账”的校训，由此可见他对这一问题的重视程度。

贴现问题

关键词：银行承兑汇票 贴现利率

银行承兑汇票：商业汇票的一种，是由在承兑银行开立存款账户的存款人出票，向开户银行申请并经银行审查同意承兑的，保证在指定日期无条件支付确定的金额给收款人或持票人的票据。对出票人签发的商业汇票进行承兑是银行基于对出票人资信的认可而给予的信用支持。

贴现利率：是指远期汇票经承兑后，汇票持有人在汇票尚未到期前在贴现市场上转让，受让人用来计算所要扣除的贴现息的利率；或银行购买未到期票据时，用来计算贴现息的利率。

经典示例

假设你有一张100万的汇票，到期日是6月20日，而今天是4月5日，如果贴现率是3.24%，那么贴现后得到的金额如下：

100−100×3.24%×76/360=99.316（万）

有的银行按月率计算，则：

100−100×3.24%×3/12=99.19（万）

一般而言，票据贴现可以分为三种，分别是贴现、转贴现和再贴现。贴现指银行承兑汇票的持票人在汇票到期日前，为了取得资金，贴付一定利息将票据权利转让给银行的票据行为，是持票人向银行融通资金的一种方式。转贴现指商业银行在资金临时不足时，将已经贴现但仍未到期的票据，交给其他商业银行或贴现机构给予贴现，以取得资金融通。再贴现指中央银行通过买进商业银行持有的已贴现但尚未到期的商业汇票，向商业银行提供融资支持的行为。

贴现是银行的一项资产业务，汇票的支付人对银行负债，银行实际上是与付款人有一种间接贷款关系。

贴现的利率会在人民银行现行的再贴现利率的基础上进行上浮，它是市场价格，由双方协商确定，但最高不能超过现行的贷款利率。

贴现利息是汇票的收款人在票据到期前为获取票款向贴现银行支付的利息，计算方式是：

贴现利息=贴现金额×贴现率×贴现期限

而贴现金额的计算方式是：

贴现金额=汇票面值−汇票面值×贴现率×（汇票到期日－贴现日）/360

票据贴现分类

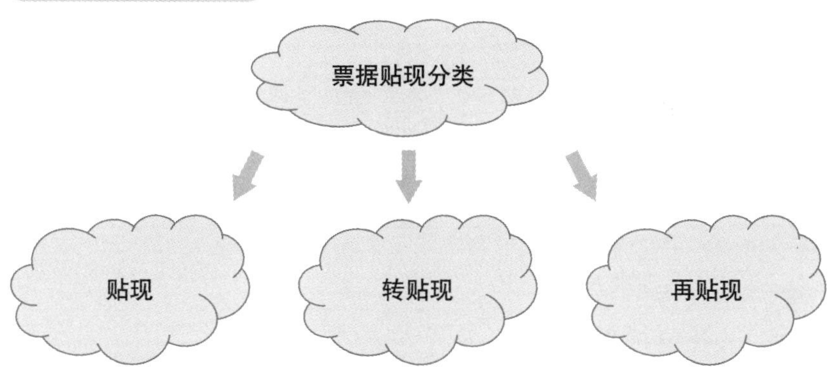

专家点评

贴现适用于生产或经营规模较大，产品或企业经营服务有较大的市场需求，存在季节性供需不平衡或其他业务而产生的不定期票据或资金结算的各类企业。

记账汇率

关键词：汇率 记账汇率

汇率：亦称“外汇行市”或“汇价”，是一国货币与另一国货币的兑换比率，即一种货币表示另一种货币的价格，如 1 美元 =8 元人民币。由于世界各国货币的名称和币值都有所差异，所以一国货币对其他国家的货币要规定一个兑换率，即汇率。

记账汇率：指将外币折合成人民币登记入账时采用的汇率。这一汇率由企业根据实际情况自行选定，可以是会计记账当时的市场汇率，也可能是会计记账当期某一天的汇率。

由于汇率经常变动，为了减少会计核算工作量，记账汇率多采用当月一日的汇率。记账汇率一经选用，在登记入账时不得随意变更。这就导致同一外币数额在不同时点会对应不同的记账本位币数额，两者间相互折算时就会形成汇兑

经典示例

某公司的记账本位币是人民币，因有外贸交易，公司也有美元外币账户。会计人员小海用 50 000 美元到银行兑换为人民币。银行当日美元买入价为 1 美元 =6.91 元人民币，当月 1 日市场汇率为 1 美元 =6.90 元人民币，当日市场汇率为 1 美元 =6.95 元人民币。

若小海选取当日市场汇率为记账汇率，则有汇兑损失 50 000×(6.95 − 6.91)=2 000(元)；若选取当月 1 日汇率为记账汇率，则有汇兑收益 50 000×（6.91 − 6.90）=500（元）。所以这笔业务在汇率上升时，选取当日汇率为记账汇率较为有利，而汇率下降时则选取当月 1 日汇率较为有利。

损益。如果企业遇到特殊情况，需要改变记账汇率，应在财务报表附注或补充资料中说明。

在月份（或季度、年度）终了时，将各外币账户的期末余额按期末时市场汇率将其折算为记账本位币金额，其与相对应的记账本位币账户期末余额之间差额，确认为汇兑损益。

实际工作中，会计人员为了方便或者按照已有的习惯，往往各行其是，并没有完全按照规定进行会计处理，给公司带来损失。

什么是记账汇率

专家点评

如果公司内部总是采用不同的记账汇率，在购货或销货的情况下，不同的购货成本、不同的销售收入就会造成会计处理的不一致，会使会计信息失真。不同公司采用不同的记账汇率时，企业之间会计信息也缺乏可比性。

误差的更正

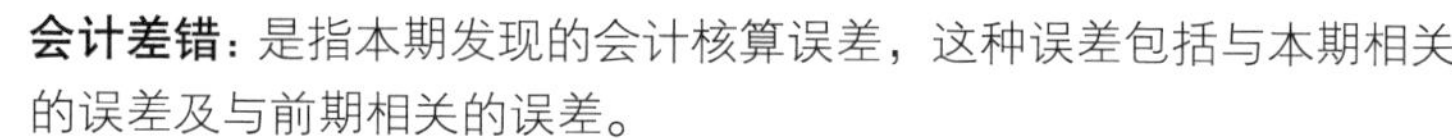

关键词：会计差错

会计差错：是指本期发现的会计核算误差，这种误差包括与本期相关的误差及与前期相关的误差。

2019年，某企业发现2011年应计入200 000元工程成本的利息费用，计入了2011年度的损益。这项差错被发现后，企业应调整增加200 000元的工程成本，增加2011年度的利润总额200 000元，增加2011年度净利润134 000元=200 000×（1 − 33%），假如不考虑提取盈余公积等因素，还要调整增加未分配利润134 000元，调整增加应交税金66 000元。在2019年度的资产负债表中，这些未分配利润、应交税金、在建工程等项目的年初数都需要调整。

原《企业会计制度》规定：本期发现本期会计差错，在本期更正，调整本期相关项目；本期发现前期会计差错，通过“以前年度损益调整”科目调整，而“以前年度损益调整”科目余额转入“本年利润”科目，作为本期损益体现，在原利润表中作为本年利润总额的组成部分。这样，部分企业为达到操纵本期利润的目的，把原应在本期反映的收入或成本、费用故意不反映，而留至下期在“以前年度损益调整”反映，作为下期的损益。这样，就可以按照其意愿操纵本期利润的数额。

新《企业会计制度》为更真实反映本期损益，防止类似操纵利

润现象，把“以前年度损益调整”项目从利润表中去除，其余额转入“利润分配—未分配利润”科目，作为企业的期初未分配利润。同时，该科目的核算范围严格限定为“企业在年度资产负债表日至财务会计报告批准报出日之间发生的需要调整报告年度损益的事项，以及本报告年度发生的以前年度重大会计差错的调整”，而且对会计差错的处理也做了严格规定。

新老《企业会计制度》对会计差错的不同规定

原会计制度

本期发现本期会计差错，在本期更正，调整本期相关项目

本期发现前期会计差错，通过“以前年度损益调整”科目调整，而“以前年度损益调整”科目余额转入“本年利润”科目，作为本期损益体现，在原利润表中作为本年利润总额的组成部分

新会计制度

把“以前年度损益调整”项目从利润表中去除，其余额转入“利润分配—未分配利润”科目，作为企业的期初未分配利润

该科目的核算范围严格限定为“企业在年度资产负债表日至财务会计报告批准报出日之间发生的需要调整报告年度损益的事项，以及本报告年度发生的以前年度重大会计差错的调整”，而且对会计差错的处理也做了严格规定

专家点评

当会计人员发现公司账簿的会计差错时，应当根据差错的性质及时纠正。

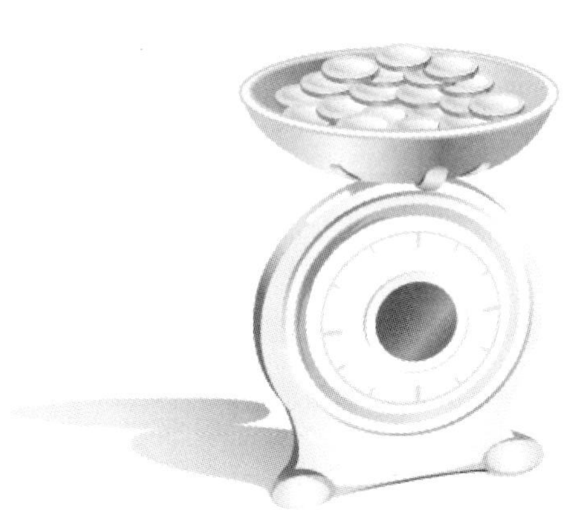

报税

税收是国家为实现其职能，凭借政治权力，按照法律规定无偿、强制征收国民收入和社会产品以实现再分配而取得收入的一种行为。常言道：“人的一生有两件事是不可避免的，一个是死亡，另一个就是纳税。”由此可见，纳税是谁也逃不掉的，企业也不例外，作为企业纳税人，必须按时向国家财政部门缴纳税款。企业要纳哪些税？具体的纳税内容和流程是怎样的？学完本章内容，读者就会有一个较为清晰的认识。

企业要纳哪些税

关键词：增值税 所得税

增值税：是指对在我国境内销售货物或者提供加工、修理、修配劳务以及进口货物的单位和个人征收的一种税。

所得税：是指对在我国境内从事生产、经营的企业，就其生产、经营所得和其他所得征收的一种税。

经典示例

2019中国民营企业500强发布。华为投资控股有限公司以7212亿营收排名第一，海航集团、苏宁控股分列二三位，营收额分别为6183亿元、6025亿元。正威国际集团、恒大集团、京东集团、碧桂园控股、恒力集团、联想控股、国美控股进入前十。本次500强上榜门槛为185.85亿元。

企业应纳的税种基本上涵盖了除个人所得税之外的所有税种，主要有以下税种：

1.增值税。

2.所得税。

3.消费税。

4.关税。

5.城市维护建设税。

6.房产税。

7.车船税。

8.印花税。

9.土地增值税。

10.资源税。

11.城镇土地使用税。

12.教育费附加税。

2019年民营企业500强榜单

500强	企业名称	所属行业	省、自治区、直辖市	营业收入总额（万元）
1	华为投资控股有限公司	广东省	计算机、通信和其他电子设备制造业	72 120 200
2	海航集团有限公司	海南省	综合	61 829 289
3	苏宁控股集团	江苏省	零售业	60 245 624
4	正威国际集团有限公司	广东省	有色金属冶炼和压延加工业	50 511 826
5	恒大集团有限公司	广东省	房地产业	46 619 600
6	京东集团	北京市	互联网和相关服务	46 201 976
7	碧桂园控股有限公司	广东省	房地产业	37 907 900
8	恒力集团有限公司	江苏省	化学原料和化学制品制造业	37 173 616
9	联想控股股份有限公司	北京市	计算机、通信和其他电子设备制造业	35 891 968
10	国美控股集团有限公司	北京市	零售业	33 409 846

专家点评

税务法规针对各个行业的特殊情况，也有特殊的规定。如果会计对自身行业的特殊规定不了解，可能会让企业蒙受损失。

纳税申报的流程

****

关键词：纳税申报的流程

纳税申报的流程：包括整理相关资料、编制资产负债表、核算应缴税额、填写纳税申报表、准备纳税申报材料、支付税款、信息归档等步骤。

经典示例

西藏某股份有限公司在成立之初，接受了A工业公司投资入股的房产，并将此房产纳入A公司的固定资产进行管理，但未进行纳税申报。被税务部门查出后，追缴2017～2019年少缴的房产税48万元，并对其滞纳税款加收26万多元的滞纳金。

整理相关资料：

1．按时准备好上期期末资产负债表，有关总账、明细账，查阅备查登记簿记录等。

2．全面清查资产、核实账务，核对会计账簿与会计凭证的内容、金额是否一致，记账方向是否一致，核对各账簿之间的余额。

3．如发现问题，按国家统一的会计制度及时处理。

编制资产负债表：

1．根据总账和明细账的余额计算、填列资产负债表。

2．会计报表附注中的某些资料需按备查登记簿中的记录编制。

3．编制完成的资产负债表交相关负责人审批。

核算应缴税额：

1．根据利润表，明确公司应纳的所得税费用，以及消费税产品的销售数量和销售额，对税务部门规定征收的其他税种需明确其课税范围。

2．公司取得的增值税发票认证和抵扣工作。

3．根据各税种的税率计算应纳税额。

填写纳税申报表：

根据应缴税额的核算结果，如实填写各税种纳税申报表内容，并交负责人审核。

其他流程还包括：准备纳税申报材料；支付税款；信息归档。

纳税申报流程图

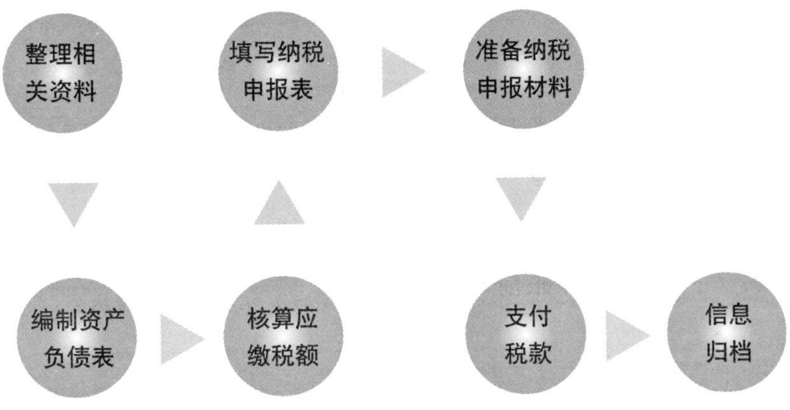

专家点评

一般情况下，较常见的纳税人因逾期申报被处罚款的现象有：刚开业，还没有营业收入，就以为不需要申报；忘记申报；因税务机关临时调整部分税种申报期限，纳税人没有注意，错过申报期限；受节假日影响，申报期限会临时顺延，纳税人错误理解为申报期限周期性顺延，自行推迟申报。

纳税申报的对象与方式

关键词：扣缴义务人

扣缴义务人：指负有代扣代缴、代收代缴税款义务的组织和个人。

纳税申报的对象就是指谁应当办理纳税申报。

它主要包括：

1.应当正常履行纳税义务的纳税人。在正常情况下，纳税人必须按税收法律、行政法规规定的申报期限、申报内容如实办理纳税申报。

2.应当履行扣缴税款义务的扣缴义务人。扣缴义务人必须依照正规程序报送代扣代缴、代收代缴税款报告表以及税务机关根据实际需要要求扣缴义务人报送的其他有关资料。

经典示例

香港A公司与大连B公司签订协议，以1 800万元的价款将A公司持有的子公司大连C公司100%的股权转让给B公司。C公司账面价值为1 915万元，其市场价格为2 816万元。B公司支付给A公司1 100万元，并将剩余700万元以人民币形式直接支付给了与A公司为同一法定代表人的大连D公司。

但后来，税务机关对大连B公司实施税务检查时，发现其未依法对A公司的股权转让所得47万美元代扣代缴企业所得税。随后，税务机关对大连B公司未履行源泉扣缴义务的行为给予应扣未扣税款1倍罚款，共计30余万元。

3.享受减税、免税待遇的纳税人。在减税、免税期间，纳税人也应当按照规定办理纳税申报手续，填报纳税申报表，以便于进行减免税的统计与管理。

纳税申报主要有两种形式：

1.到税务机关办理上述申报、报送事项。这是一种最直接最常见的方式，操作起来也很简单。

2.按照规定采取邮寄、网上申报或其他方式申报、报送事项。

纳税人可以采取邮寄的方式办理纳税申报或报送事宜。采取邮寄申报的，以邮出地的邮戳日期为实际申报日期。

网上申报时，税务机关指定特定系统接收数据电文的，该数据电文进入该特定系统的时间，视为申报、报送到达的时间；未指定特定系统的，该数据电文进入税务机关的任何系统的首次时间，视为到达时间。

纳税申报的对象

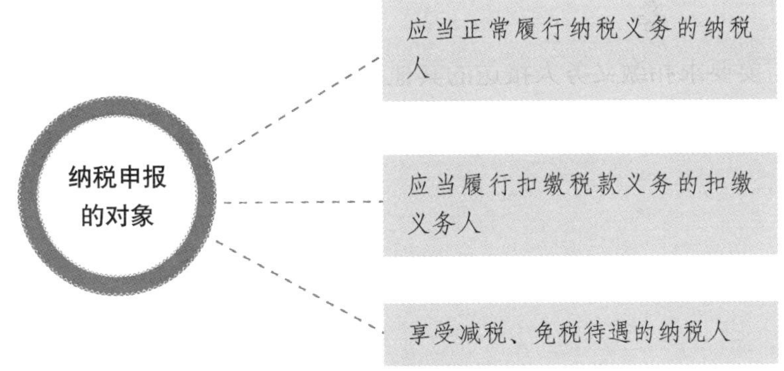

专家点评

扣缴义务人不是纯粹意义上的纳税人，也不是实际负担税款的负税人，只是负有代为扣税并缴纳税款法定职责的义务人。

纳税申报的内容

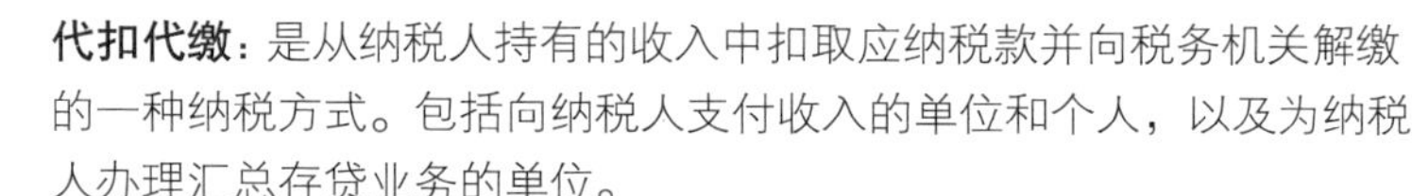

关键词：代扣代缴 代收代缴

代扣代缴：是从纳税人持有的收入中扣取应纳税款并向税务机关解缴的一种纳税方式。包括向纳税人支付收入的单位和个人，以及为纳税人办理汇总存贷业务的单位。

代收代缴：是负责对纳税人应纳的税款进行代收代缴，即由与纳税人有经济业务往来的单位和个人在向纳税人收取款项时依法收取税款。

纳税申报的内容主要包括两个方面：一是纳税申报表或者代扣代缴、代收代缴税款报告表；二是与纳税申报有关的资料或证件。

纳税人采取伪造、变造、隐匿、擅自销毁账簿、记账凭证，或者在账簿上多列支出或者不列、少列收入，或者经税务机关通知申报而拒不申报或者进行虚假的申报，不缴或者少缴应纳税款的，是偷税。对于纳税人偷税的情况，由税务机关追缴其不缴或者少缴的税款、滞纳金，并对其处不缴或者少缴税款的50%以上5倍以下的罚款。另外，纳税人编造虚假计税依据的，由税务机关责令限期改正，并处5万元以下的罚款。

填报纳税申报表或代扣代缴、代收代缴税款报告时，纳税人和扣缴义务人应将税种、税目、应纳税项目或者应代扣代缴、代扣代收税款项目，适用税率或单位税额，计税依据，扣除项目及标准，应纳税额或应代扣、代收税款，税款所属期限等内容逐项填写清楚。

纳税人办理纳税申报时，要报送如下资料：

1.纳税申报表。它是税务机关统一负责印制，由纳税人进行纳税申报的书面报告，其内容因纳税依据、计税环节、计算方法的不同而有所区别。

2.财务会计报表。它是用以反映企业、事业单位或其他经济组织在一定的时期内经营活动情况或预算执行情况结果的报告文件。不同纳税人因其生产经营的内容不同，所使用的财务会计报表也不一样。

3.其他纳税资料。如与纳税有关的经济合同、协议书；固定工商业户外出经营税收管理证明；境内外公证机关出具的有关证件；个人工资及收入证明等。

扣缴义务人纳税申报时，要报送的资料有：

1.代扣代缴、代收代缴税款报告表。

2.其他有关资料。通常包括：代扣代缴、代收代缴税款的合法凭证；与代扣代缴、代收代缴税款有关的经济合同、协议书、公司章程等。

纳税申报的内容填写

① 税款所属期限	④ 税种、税目、应纳税项目或者应代扣代缴、代扣代收税款项目
② 适用税率或单位税额	⑤ 扣除项目及标准
③ 计税依据	⑥ 应纳税额或应代扣、代收税款

专家点评

按规定，纳税人办理营业执照后应在30日内办理税务登记，登记的税务资料在经营过程中有变化，也应当在规定时间内到税务机关如实变更，逾期办理者将处以罚款。

纳税申报的期限

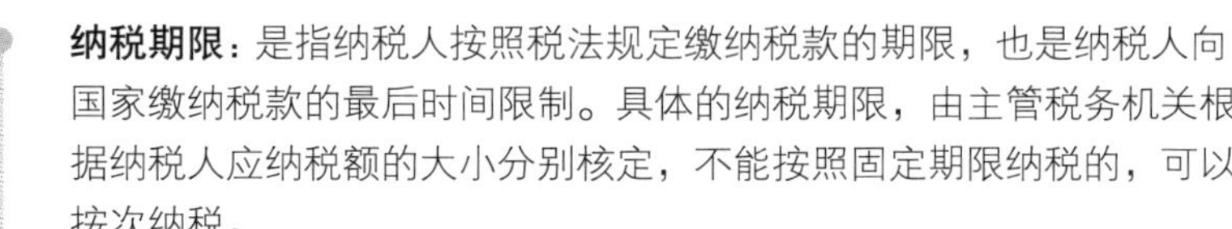

关键词：纳税期限

纳税期限：是指纳税人按照税法规定缴纳税款的期限，也是纳税人向国家缴纳税款的最后时间限制。具体的纳税期限，由主管税务机关根据纳税人应纳税额的大小分别核定，不能按照固定期限纳税的，可以按次纳税。

在发生纳税义务后，纳税人、扣缴义务人必须按照法律、行政法规的规定或者税务机关依据法律、行政法规的规定确定的应纳或应缴税款的期限，到税务机关办理纳税申报。

由此可以看出，申报期限有两种：一种是法律、行政法规明确规定的；另一种是税务机关按照法律、行政法规的规定，结合纳税人生产经营的实际情况及其所应缴纳的税种等相关问题予以确定的。

经典示例

某市某实业公司董事长，因未在规定期限内自行申报个人所得税，被当地税局城区分局处罚款50元。

1.各税种的申报期限。因各税种情况不同及税务机关的工作安排，各税种的申报期限也有所不同，在确定申报期限时，必然涉及纳税义务发生时间和纳税期限的确定问题。

2.申报期限的顺延。纳税人办理纳税申报期限的最后一天，如遇公休日，可以顺延。

3.延期办理纳税申报。根据我国现行《税收征收管理法》第27条规定："纳税人、扣缴义务人不能按期办理纳税申报或者报送代扣代缴、代收代缴税款报告表的，经税务机关核准，可以延期申报。经核准延期办理前款规定的申报、报送事项的，应当在纳税期内按照上期实际缴纳的税额或者税务机关核定的税额预缴税款，并在核准的延期内办理税款结算。"

需要注意的是，纳税人在纳税期限内，无论有无应税收入、所得及其他应税项目，均须在规定的申报期限内，持纳税申报表、财务会计报表及其他纳税资料，向税务机关办理纳税申报；扣缴义务人在扣缴税款期内无论有无代扣、代收税款，均须在规定的期限内，持代扣代缴、代收代缴税款报告表及其他有关资料，向税务机关办理扣缴税款报告。

申报期限的确定

法律、行政法规明确规定的

税务机关按照法律、行政法规的规定，结合纳税人生产经营的实际情况及其所应缴纳的税种等相关问题予以确定的

专家点评

任何纳税人都必须如期纳税，否则，就会受到罚款甚至判刑等法律制裁。

网上报税的申报流程

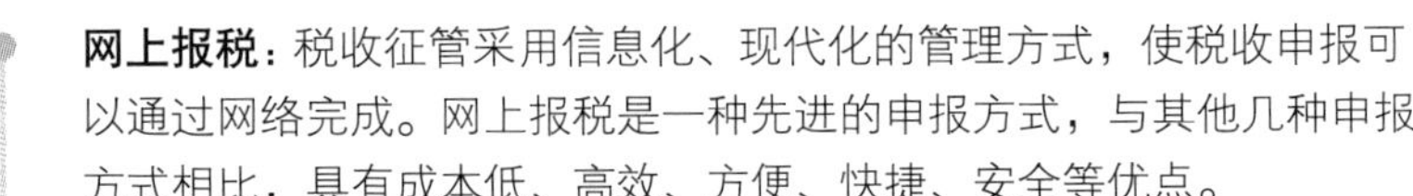

关键词：网上报税

网上报税：税收征管采用信息化、现代化的管理方式，使税收申报可以通过网络完成。网上报税是一种先进的申报方式，与其他几种申报方式相比，具有成本低、高效、方便、快捷、安全等优点。

经典示例

中石化某分公司的会计陈某，以往每到月初，就得先通知公司在全市各地的18个分支机构会计，让他们拿分机IC卡到市国税局某分局抄报税，等一一核实后，总公司再把主卡送到国税部门抄报税。每个月，公司会计都需要花很多时间在这项工作上，有些同事甚至往返就要花一天的时间。而现在通过电脑，插入防伪税控IC卡，点击鼠标，不到2分钟，就完成了抄报税工作，整个公司的报税工作不用半小时。

网上报税需要先操作网上抄报税系统进行远程报税，再操作网上申报软件，发送申报数据。网上报税的操作流程如下：

1.运用防伪税控开票子系统进行抄税。

2.运用网上抄报税系统进行远程报税。

3.运用网上申报软件，发送申报数据。操作网上申报软件发送申报数据后，要查看申报结果提示，在“报表浏览”中查看银行扣款是否成功。申报成功后，查看申报结果，根据系统提示做相应处理。申报表审核成功后，税务局端自动扣缴税款。网上申报受理成功的纳税人需使用网上申报系统软件打印申报资料一式两份，经法人代表签字并盖章确认，于申报的当月报送税务机关。

4.如自动扣缴不成功或未存入足额的税款，待存入足够税款后，再次运用网上申报软件扣缴税款。

5.扣款成功后，运用网上抄报税系统查询结果，系统提示报税结果为报税成功后，进行清卡操作。

随着现代科技的发展和税收征管改革的不断深入，采用信息化、现代化的纳税方式已成为趋势，远程电子申报纳税是一种先进的申报方式，与传统申报方式相比，网上电子申报纳税具有成本低、高效、方便、快捷、安全的优势。

网上报税的操作流程

运用防伪税控开票子系统进行抄税 → 运用网上抄报税系统进行远程报税

↓

运用网上申报软件，发送申报数据 → 如自动扣缴不成功或未存入足额的税款，待存入足够税款后，再次运用网上申报软件扣缴税款

扣款成功后，运用网上抄报税系统查询结果，系统提示报税结果为报税成功后，进行清卡操作

专家点评

网上报税并非所有用户都可以使用，它的前提是需要办理网上报税手续，即要签订纳税人、税务机关、纳税专户开户银行三方协议，由税务局分配办理网上报税业务的登录密码。

发票的填开规范

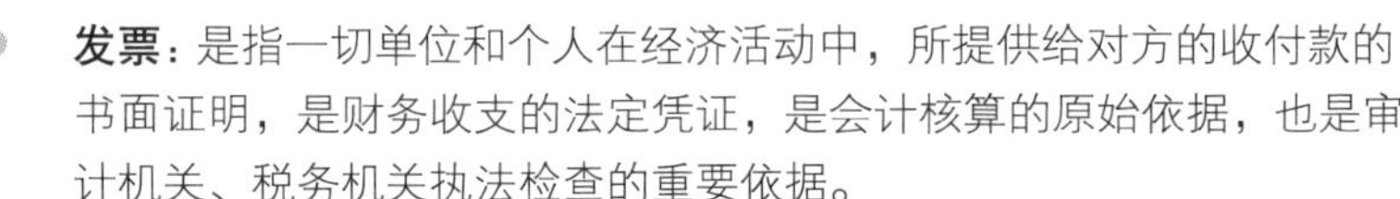

关键词：发票

发票：是指一切单位和个人在经济活动中，所提供给对方的收付款的书面证明，是财务收支的法定凭证，是会计核算的原始依据，也是审计机关、税务机关执法检查的重要依据。

填开发票前，检查发票是否有缺联少页、重号少号，字迹模糊不清、错装混钉等印刷质量问题。填写发票时，填列的项目不能遗漏。填写发票时必须实事求是地反映经济业务活动的本来面目，不得弄虚作假。

发票填写的规范要求：

在填写发票时，必须做到按日期、号码顺序填开，填开项目齐全，内容真实、字迹清楚，全部联次一次复写，内容完全一致，并在发票联加盖发票专用章。

经典示例

20××年6月份，广州某小型汽车零件加工公司从一家贸易公司购买了一批钢材，按约定支付了70%的货款，另外30%待对方开具增值税发票后再支付。收到对方的增值税发票后，汽车零件加工公司即将全部余款打给对方，但他们去税务部门抵扣进项税款时，税务部门告知该增值税发票是无效的。贸易公司由于经营不善破产，这笔不能抵扣进项税的数万元需要汽车零件加工公司自己承担。

填写发票必须在发生经营业务确认营业收入的实际日期开具发票，不能提前，也不能推后，要做到当天开取。

填开发票的“八不准”规定

1.不准大头小尾

2.不准转借代开。指开票单位或个人之间相互转借发票或徇私情违章替别人开具发票

3.不准“卖甲开乙”

4.不准拆本使用。拆本使用指用票部门将整本发票拆开零星使用，这样极易造成发票丢失，不易管理

5.不准错位开票

6.不准涂改套用。涂改套用指开票部门由于填写错误，自行在原发票上作涂改

7.不准开具空白发票

8.不准自行开具公司经营业务范围以外的发票

填写货物名称或收入项目，应该按货物名称、金额逐项填写，不能怕麻烦而从简。填写规格、计量单位、数量、单价时，必须按实际或标准填写。如型号必须是销售货物的实际型号，计量单位是套或台或个须填写清楚。

小写金额数字的填写规范：填写发票时，大小写金额必须一致，不能只写大写或小写。填写大写遇到金额为零时，也需按规定写上。小写金额栏阿拉伯数字末填写到最高位的，在数字的前一位填写人民币符号“¥”。

开具发票的过程中，如有涂改必须作废重新开具。发票作废必须是原发票联次四联并存，装订在一起。

专家点评

发票上载明的经济事项较为完整，是记录企业经营活动的一种原始证明，具有法律证明效力。

出口退税

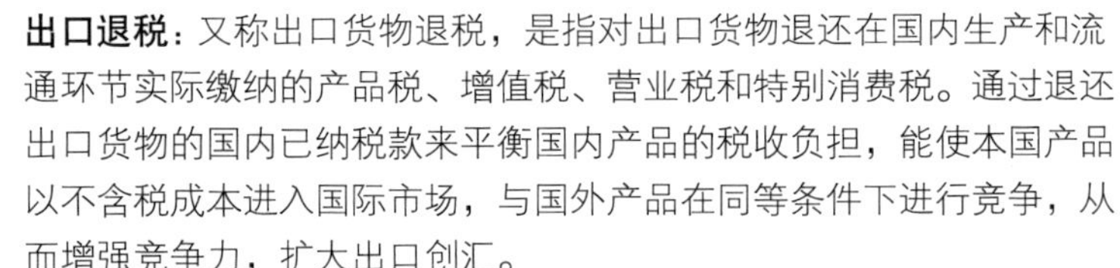

关键词：出口退税

出口退税：又称出口货物退税，是指对出口货物退还在国内生产和流通环节实际缴纳的产品税、增值税、营业税和特别消费税。通过退还出口货物的国内已纳税款来平衡国内产品的税收负担，能使本国产品以不含税成本进入国际市场，与国外产品在同等条件下进行竞争，从而增强竞争力，扩大出口创汇。

具有进出口经营权的外贸企业购进用于出口的商品，其出口方式一般有自营出口和委托出口两种。做好以上两种形式的会计处理，首先要正确计算应退税金（增值税、消费税）的金额；其次要明确企业获得的出口退税款的税收处理。

经典示例

《国家税务总局关于出口企业未在规定期限内申报出口货物退（免）税有关问题的通知》（国税发〔2005〕68号）明文规定：

外贸企业自货物报关出口之日（以出口货物报关单〈出口退税专用〉上注明的出口日期为准）起90日内未向主管税务机关退税部门申报出口退税的货物，除另有规定者和确有特殊原因，经地市以上税务机关批准者外，企业须向主管税务机关征税部门进行纳税申报并计提销项税额。上述货物属于应税消费品的，还须按消费税有关规定进行申报。

出口退税须“六及时”：

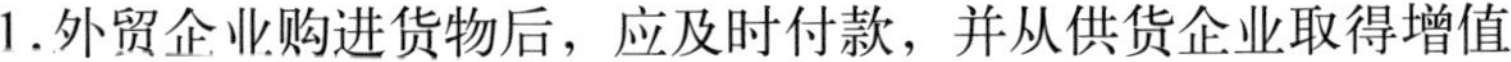

1.外贸企业购进货物后，应及时付款，并从供货企业取得增值

税专用发票和出口货物专用缴款书。

2.外贸企业取得出口货物增值税发票后，应及时到当地国税部门办税厅对发票进行认证或通过网上认证系统认证。

3.货物报关出口后，企业应及时结清相关报关、运输费用，取得出口货物报关单。

4.出口企业（包括外贸企业，生产企业）取得出口货物报关单后，应及时通过海关“口岸电子执法系统”，对出口货物报关单予以确认。

5.货物出口后，及时办理外汇核销手续。

6.退税单证收集齐全后，企业应及时申报办理退（免）手续。

出口退税“六及时”

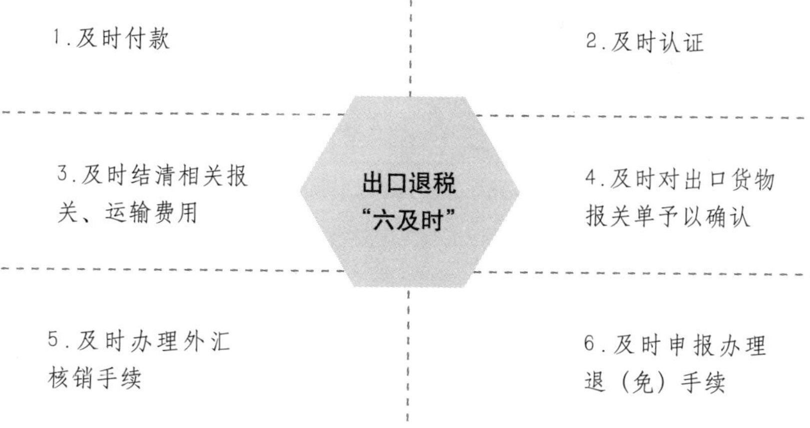

专家点评

增值税的出口退税在“其他应收款——应收补贴款”中核算，不计入企业的收入，不计入企业的应纳税所得额，不征收企业所得税。

怎样办理纳税担保

关键词：纳税担保

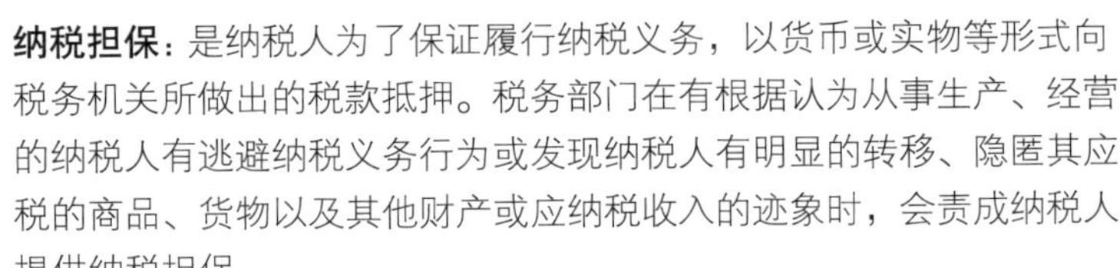

纳税担保：是纳税人为了保证履行纳税义务，以货币或实物等形式向税务机关所做出的税款抵押。税务部门在有根据认为从事生产、经营的纳税人有逃避纳税义务行为或发现纳税人有明显的转移、隐匿其应税的商品、货物以及其他财产或应纳税收入的迹象时，会责成纳税人提供纳税担保。

提供纳税担保的主要方式如下。

1.以货币保证金作纳税担保

在纳税义务发生前，纳税人向税务机关预缴一定数量的货币，作为纳税保证金，金额应大致相当于或略高于应缴税款。如果纳税人不能按期照章纳税，税务机关即可将其抵作应缴税款、滞纳金和罚款。若如期纳税，纳税人可凭完税凭证如数领回其预

经典示例

200×年11月，广州市主营建筑、安装、装修业务的某建安公司，未足额申报税款，广州市地税局处理后令其补缴共计168.4万元的税款、罚款、滞纳金。该公司因经营形势每况愈下，其承建的两个楼盘已经完工，但仍未结算的工程款达千余万元，直接导致该公司资金周转困难，已无能力清缴欠税。地税局要求该公司提供房地产开发公司的相关资料，后房地产开发公司为该公司提供纳税担保，房地产开发公司则提供了四套未设置抵押权的商住楼为该公司办理纳税担保，同时地税局和房地产公司经过协商，双方约定缴纳期限。

缴的保证金。

2.以实物抵押品作纳税担保

在纳税义务发生前，纳税人需向税务机关提交一定数量的实物作为应纳税款抵押品，如商品、货物等，其价值应大致相当于或略高于应缴税款。如果不能按期缴纳税款，税务机关可按有关规定拍卖其实物抵押品，以所得款项抵缴纳税人应纳税款、滞纳金的罚款。若如期纳税，纳税人可凭完税凭证如数领回其担保的实物抵押品。

纳税担保的主要方式

- 纳税担保的主要方式
  - 以货币保证金作纳税担保
  - 以实物抵押品作纳税担保
  - 由纳税担保人作纳税担保

3.由纳税担保人作纳税担保

纳税人可提名经税务机关认可的第三方出面作为纳税担保，保证纳税人在发生纳税义务后依法纳税，如纳税人逾期不缴，则由担保人负责为其缴纳。

纳税担保范围包括税款、滞纳金和税款、实现滞纳金的费用。用于纳税担保的财产、权利的价值不得低于应当缴纳的税款、滞纳金。纳税担保的财产价值不足以抵缴税款、滞纳金的，税务机关应当向提供担保的纳税人或纳税担保人继续追缴。

专家点评

纳税担保人必须是在我国境内具有纳税担保能力的公民、法人或其他经济组织。纳税担保人需履行承保手续，填写纳税担保书，写明担保的对象、范围、期限及责任等有关事项。

企业年报公示制度

****

关键词：企业年报公示

企业年报公示：企业应当按年度在规定的期限内，通过市场主体信用信息公示系统向工商行政管理机关报送年度报告，并向社会公示，任何单位和个人均可查询。

企业年度报告的主要内容应包括公司股东（发起人）缴纳出资情况、资产状况等，企业对年度报告的真实性、合法性负责，工商行政管理机关可以对企业年度报告公示内容进行抽查。

企业应当于每年1月1日至6月30日，通过企业信用信息公示系统向工商行政管理部门报送上一年度年度报告，并向社会公示。当年设立登记的企业，自下一年起报送并公示年度报告。

经典示例

儋州市某房地产开发公司自成立起，17年未年检仍在经营，被处以最高10万元的罚款。

企业年度报告内容：

1.企业通信地址、邮政编码、联系电话、电子邮箱等信息；

2.企业开业、歇业、清算等存续状态信息；

3.企业投资设立企业、购买股权信息；

4.企业为有限责任公司或者股份有限公司的，其股东或者发起人认缴和实缴的出资额、出资时间、出资方式等信息；

5.有限责任公司股东股权转让等股权变更信息；

6.企业网站以及从事网络经营的网店的名称、网址等信息；

7.企业从业人数、资产总额、负债总额、对外提供保证担保、所有者权益合计、营业总收入、主营业务收入、利润总额、净利润、纳税总额信息。

个体工商户应当于每年1月1日至6月30日，通过企业信用信息公示系统或者直接向负责其登记的工商行政管理部门报送上一年度年度报告。

当年开业登记的个体工商户，自下一年起报送。

未按规定进行年报公示的处罚

对未按规定期限公示年度报告的企业，工商机关会将其载入经营异常名录。企业在3年内履行年度报告公示义务的，可以申请恢复正常记载状态；超过3年未履行的，工商机关将其永久列入严重违法企业“黑名单”。

专家点评

企业年报公示制度出台之前，我国上市企业就已经开始进行年报公示。但是二者公示的年报监管部门不同：上市企业的年报公示由我国证监会以及证券交易所进行监督，企业年报公示则是由公司所在地的工商行政管理机关进行监督。

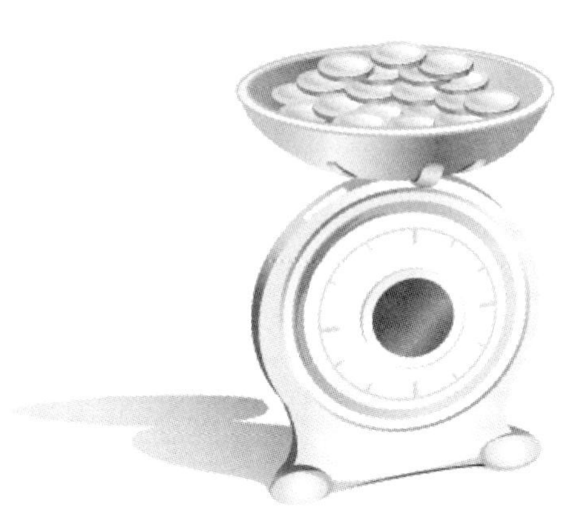

好会计都知道的事

“台上一分钟，台下十年功。”这对会计工作来说是十分适用的。做好会计工作不是一件容易的事，它要求会计人员具有全面精通的政策水平，熟练高超的业务技能，严谨细致的工作作风。会计工作需要很强的操作技巧，打算盘、用电脑、填票据、点钞票等，都需要深厚的基本功。作为专职会计人员，不但要具备处理一般会计事务的财会专业基本知识，还要具备较高的会计专业知识水平和较强的数字运算能力。

随手记下重要事项

关键词：好记性不如烂笔头

好记性不如烂笔头：俗话说，好记性不如烂笔头。唐代诗人李贺有了灵感，总是将想到的诗句记录下来，最终构思成完整且精彩的诗。会计工作需要面对的是更多、更复杂、更枯燥的数据，如果不能记下种种关键数据，总会有遗忘或记错的时候。

不是每个人都具有过目不忘的本领。会计在工作过程中，面对会议内容、上级工作安排、当日工作完成情况乃至待处理的文字材料时，都应当养成好的习惯，用笔记形式记录下来，并且每日日毕都进行检查。要记好笔记，随身携带纸、笔是基本要求。一旦看到了重要的事物，听到了重要的信息，就要迅速打开笔记本记下来。如此，既能记载自己每日的工作情况，防止遗漏，又能时常翻阅，温故而知新。

据说，那些有

经典示例

美国心理学家巴纳特曾做过一个关于做不做笔记对听课学习影响的实验。实验中，他把大学生分成三组，每组以不同的方式进行学习。甲组为做摘要组，一边听课，一边摘出要点；乙组为看摘要组，他们在听课时能看到已列好的要点，但自己不动手写；丙组为无摘要组，他们只是听，既不动手写，也看不到有关的要点。之后，检查所有学生进行的记忆效果，结果表明：在听课的同时，自己写摘要组的学习成绩最好；在听课的同时看摘要，但自己不写的学习成绩次之；单纯听讲而不做笔记，也看不到摘要组的成绩最差。

着经济头脑的犹太商人们，很喜欢在用过的烟盒纸背面，做随手记录，然后回头整理成记事簿。从事财务工作的人员，应该向这些优秀的商人们学习，养成随手进行记录的好习惯。

记录的过程就是一个资料积累的过程，对于随手记下的内容，都可以进行整理，成为以后工作中制表或做账的参考依据。记录内容也有助于防止自己无意识地遗忘，日后回顾当时的内容也有系统、切实的书面依据。

用笔进行记忆，有助于集中注意力。在听说读的过程中，大脑思维紧张运转，再用手协同合作进行记录，不仅完成了双重的记忆工作，而且将分散的注意力集中到眼下所记录的内容中。同时，记录的过程也是一个思考和理解的过程，有的时候单凭大脑进行思考处理很容易出差错，甚至耽误工作，必要的书面记录则可以有效地避免疏漏。

养成随手记录的好习惯

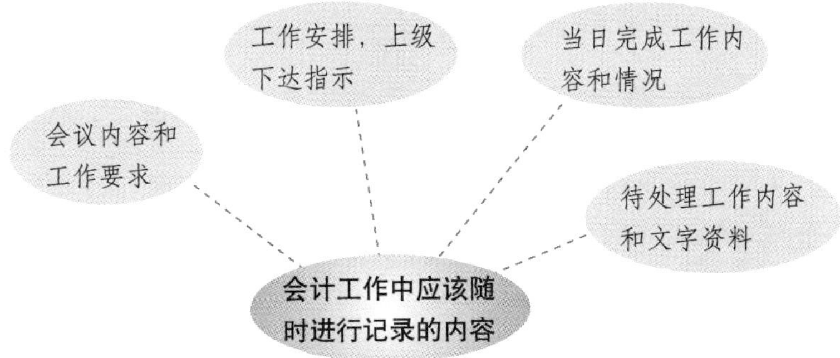

专家点评

勤做笔记的人不容易忘事，工作漏洞少，而且信息管理能力强，会计工作本来就是一项信息管理工作，这样做可以主动地支配工作。

分类清楚

****

关键词：存档

存档：把已经处理完毕的公文或稿件资料等存入档案，以备查考。

对于个人而言，衣着打扮要清爽利落，每天以一个精神饱满的工作面貌出现在工作场所，不仅是对他人的一种尊重，也是对自己一种信心的体现。但作为一个职业会计，仅仅注重个人的形象还远远不够，还要尤其注重与自己工作有关的干净整洁。

很多会计人员由于经常有很多原始凭证需要处理，桌面上堆满

经典示例

林登·贝恩斯·约翰逊（1908 ~ 1973）是美国第 36 任总统，他在 26 岁时担任全国青年总署得克萨斯州分署署长时，在任期期间对手下人十分严格。

一次，他看到一位同事的办公桌子上堆满了文件，就故意提高嗓门说："我希望你的思想不要像这张桌子这样乱七八糟。"全办公室的人都听到了，让那位同事有些难堪。

约翰逊第二次巡视这个办公室时，这位同事很费劲才事先把文件整理好了，并清理了桌面。约翰逊一看到原来乱糟糟的桌面变得空空荡荡，就说："我希望你的头脑不要像这张桌子这样空荡荡的。"

虽然约翰逊对下属的要求严苛，但这也说明一个办公室职员将每天所用资料整理得井井有条是多么重要，而常常经手大量数据文档的会计人员更应对此加以重视。

了凭证、报表、办公文具、纸张等，看起来一片混乱，更别提隐蔽角落或抽屉里了。可是等他真正要找份资料的时候，却东翻西翻，都不知道随手放在何处。

所以，一个利索的会计人员，会将个人存档资料分门别类、在文件夹上贴上相应档案标签以便于查找外，对于大量的Word、Excel文档也分别设立文件夹，例如公司文件、规章制度、财务文档、报表数据、涉税资料等，加以保存并定期整理。

会计档案内容直接反映财政经济状况，对会计档案进行存档保管，有着十分重要的作用：可以成为经济决策者的参考依据；可以当作经济事项凭证；可以作为历史记载保存起来，有一定的史料研究价值。给会计档案分类的意义，在于正确地认识会计档案，进而科学地整理、保管和开发利用会计档案。

分类整理文件

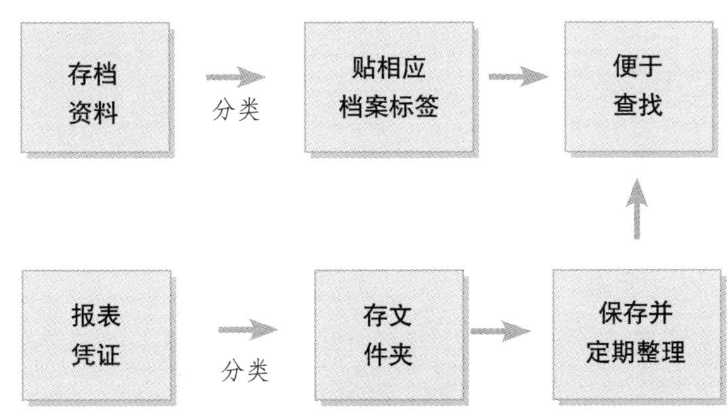

专家点评

依据一定的标准，将纸质资料或电子文档按照来源、时间、内容和形式特征的异同点，进行有层次的区分，并组成一定的归类，这对会计的工作有很大帮助。

注意所有单据的编号

****

关键词：编号

编号：给某样东西排上顺序号作为一种识别的方法，这里指的是凭证编号。

对原始凭证及记账凭证，按照一定的标准和顺序进行编号。如将已订本成册的发票、支票、收据等原始凭证，从第一张到最后一张印制连续的号码；对记账凭证按时间顺序每月从月初到月末编制连续的号码。

对会计凭证进行编号，可以控制会计错弊的发生，也便于查阅会计凭证。

经典示例

小王是某公司新来的会计，每月月末的时候他总是手忙脚乱，因为全公司的报销单、各种费用账单全堆积在他这里，他没有给这些原始凭证及记账凭证编号的习惯，每次都是凭着印象寻找，有时找一张单子要把所有的单子都翻一遍，不断地重复工作，很烦琐，让他觉得很累。后来还是有老会计提醒他，他才终于养成了编号的习惯，这样一来，工作效率高多了，他也轻松多了。

在实际中，有的会计人员或其他有关人员以销毁、隐匿发票、支票、收据等原始凭证的手段从事会计舞弊活动，如出纳员签发现金支票取款后贪污，而将支票存根销毁。但如果对会计凭证进行连续编号，便可通过检查号码是否连续发现疑点，进而查证问题。因此，会计凭证有了连续的编号，便可控制或减少会计作弊的发生。

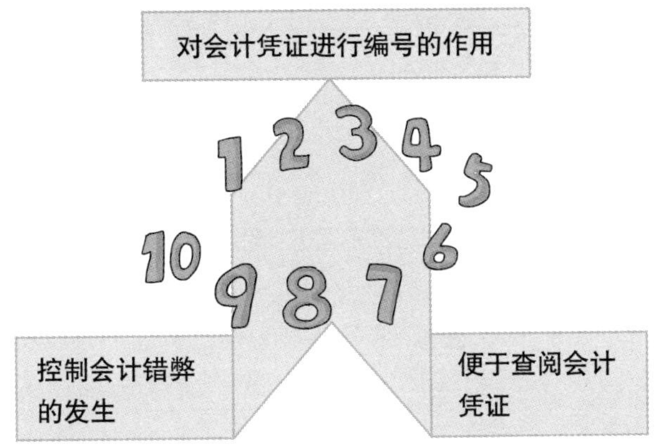

会计工作有时需要查阅会计凭证，以便了解有关情况，这样，便可根据账簿或其他方面记录的凭证号码，在装订成册的号码有序的凭证中很快找到所需要的会计凭证。

总之，对会计凭证进行连续编号，是有其重要意义的。

在现实工作中，有会计凭证无编号或编号不连续的会计错弊情况，例如有一些小型的单位以业务量小、会计凭证少为由，对记账凭证不予以编号，或者是对工作不认真造成会计凭证的编号不连续。又如出纳员将支票填错后未妥善保管造成丢失，致使附在记账凭证后的支票存根的编号不连续。

对于这种情况，可以先确定号码应连续的会计凭证的范围，再根据查账工作需要或工作计划，将应号码连续的会计凭证找出，检查、核对其有无编号及编号是否连续，并注意核查在不同时间接受某单位的若干张号码连续的原始凭证。

专家点评

在实际工作中，有许多会计凭证无编号、编号不连续、编号虽连续但不符合经济业务实际情况的会计错弊，给会计工作带来了难度。

手工账与电子账务的不同之处

****

关键词：手工账簿 电子账簿

手工账簿：是各种纸的账本，如现金日记账、银行存款日记账等，然后用笔填写数字与结账做表。

电子账簿：是用各种财务软件做账后电脑自动统计生成的账表，可以自己在财务软件里设置大小间距等，与手工账的表差不多，只不过在电脑上显示而已。

手工系统的账务处理总是避免不了重复转抄与计算的根本弱点，伴之而来的是人员、环节与差错的增多。

计算机系统的账务处理程序有两种方案：基本上按手工系统的方式进行系统移植。第二方案为理想化的全自动账务处理程序，即：

经典示例

2011年，广州市榄核镇全面推进村、组两级财务电算化，九比村的联队会计高某年近50岁，做了几十年的手工账，现在转为电子账。尽管只是短短几周，他深有感触，过去要花一个星期的时间完成全部12个组的财务报表，现在使用这一套软件，就能使报表在一天内生成完毕且一目了然。

1.会计凭证磁性化（或用条形码）。用磁性墨水在规格化的会计凭证上书写（或打上条形码），由阅读机识别后将数据输送到中央处理机。

2.中央处理机内以“资产负债表”“利润表”“现金流量表”

三大财务报表为中心，分别对数据进行处理，同时辅以成本核算模块程序。

3.用户可以定义输出形式与结果，在显示器、打印机等输出设备中提供查询与打印。

电脑系统的账务处理程序用同一模式来处理会计业务，不因企业或成本核算对象不同而不同。

手工账的基本模式是“会计凭证→账簿→会计报表”，只有根据账簿提供的信息和依据，会计报表才能得以编制。电子账务的基本模式总体上是“会计凭证→账簿”“会计凭证→会计报表”，在登记账簿的时候无须考虑会计报表的编制，以及账簿的信息质量是否会对会计报表造成影响。手工账是账户记录和纸介质，在电子账务中正在逐步分离。作为账簿要素之一的纸介质，不再作为账户的分类和汇总数据的唯一载体。

手工账与电子账务的不同之处

手工账务

重复转抄与计算

电子账务

会计凭证磁性化（或用条形码）
自动生成财务报表，进行数据处理
在显示器、打印机等输出设备中提供查询与打印

专家点评

在期末结转时，手工账都是由手工计算完成，工作量非常大，且出错率也很高。而电子账只要登记记账凭证就可以自动记账。期末为电脑自动结转，只要前期的登记凭证、账簿准确，期末将自动生成报表，准确率极高。

识别会计账簿造假的技巧

关键词：复核法 审阅法 核对法 核实法 调节法

复核法：是指重复对会计账簿的记录及合计进行验算。

审阅法：是指以国家法律法规为依据，通过审查性过目，检查分析有关账簿资料的真实性、合法性和完整性，审查其有无差错、疑点和弊端。

核对法：是指核对账簿记录（包括相关资料）两处或两处以上的同一数值或有关数，旨在查明账账、账证、账实、账表是否相符，以便证实账簿记录正确与否。

核实法：是指将账簿资料与实际情况进行对照，用以验证账实之间是否相符，并取得书面证据的一种方法。

调节法：是审查账簿前对其中某些项目进行增减调节，使其相关可比的一种审查方法。

经典示例

某家汽车公司声称自己在20××年卖出了1万台汽车，赚取了1亿元的利润，它的股价也一路攀升。但一年之后，这家汽车公司突然又声称前年销售的1万辆汽车都被退货了，此前宣布的1亿元利润都要取消，它的股价一落千丈，而投资者损失惨重。

对会计账簿分析检查，识别账簿造假的具体方法主要有复核法、审阅法、核对法、核实法和调节法几种形式。

复核法：即重复对会计账簿的记录及合计进行验算，以证实会计记录中计算的准确性。

审阅法：即以国家法律法规为依据，通过审查性过目，检查分析有关账簿资料的真实性、合法性和完整性，审查其有无差错、疑点和弊端。审阅法能审阅账簿记录的有关经济业务是否符合会计核算的基本要求，记账内容是否合规，其记账金额是否与记账凭证相符等。

核对法：是指核对账簿记录（包括相关资料）两处或两处以上的同一数值或有关数，旨在查明账账、账证、账实、账表是否相符，以便证实账簿记录正确与否。

怎样识别账簿造假

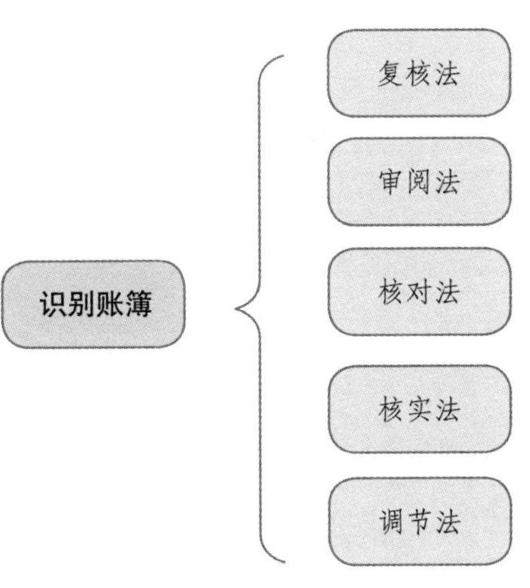

核实法：是核对法的特例，指将账簿资料与实际情况进行对照，用以验证账实之间是否相符，并取得书面证据的一种方法。核实法主要用以核对账户记录，并用实物证据与账簿资料对照。核实的重点是盘存类账户，如现金、原材料、燃料、产成品等。此外，还有盘存类账户中银行存款、其他货币资金及其结算类账户中的应收、应付、暂收、暂付款项等，也可以用此法核对分析。

调节法：是审查账簿前对其中某些项目进行增减调节，使其相关可比的一种审查方法。

专家点评

利用自己掌握的信息，最大限度地识破不法企业的假账阴谋。其实，只要具备简单的会计知识和经验，通过财务报表就可以识破许多的假账手段。

附录
中华人民共和国现金管理暂行条例

第一章　总　　则

第一条　为改善现金管理，促进商品生产和流通，加强对社会经济活动的监督，制定本条例。

第二条　凡在银行和其他金融机构（以下简称开户银行）开立账户的机关、团体、部队、企业、事业单位和其他单位（以下简称开户单位），必须依照本条例的规定收支和使用现金，接受开户银行的监督。

国家鼓励开户单位和个人在经济活动中，采取转账方式进行结算，减少使用现金。

第三条　开户单位之间的经济往来，除按本条例规定的范围可以使用现金外，应当通过开户银行进行转账结算。

第四条　各级人民银行应当严格履行金融主管机关的职责，负责对开户银行的现金管理进行监督和稽核。开户银行依照本条例和中国人民银行的规定，负责现金管理的具体实施，对开户单位收支、使用现金进行监督管理。

第二章　现金管理和监督

第五条 开户单位可以在下列范围内使用现金：

（一）职工工资、津贴；

（二）个人劳务报酬；

（三）根据国家规定颁发给个人的科学技术、文化艺术、体育等各种奖金；

（四）各种劳保、福利费用以及国家规定的对个人的其他支出；

（五）向个人收购农副产品和其他物资的价款；

（六）出差人员必须随身携带的差旅费；

（七）结算起点以下的零星支出；

（八）中国人民银行确定需要支付现金的其他支出。前款结算起点定为1000元。结算起点的调整，由中国人民银行确定，报国务院各院。

第六条 除本条例第五条第（五）、（六）项外，开户单位支付给个人的款项，超过使用现金限额的部分，应当以支票或者银行本票支付；确需全额支付现金的，经开户银行审核后，予以支付现金。

前款使用现金限额，按本条例第五条第二款的规定执行。

第七条 转账结算凭证在经济往来中，具有同现金相同的支付能力。开户单位在销售活动中，不得对现金结算给予比转账结算优惠待遇；不得拒收支票、银行汇票和银行本票。

第八条 机关、团体、部队、全民所有制和集体所有制企业事业单位购置国家规定的专项控制商品，必须采取转账结算方式，不得使用现金。

第九条 开户银行应当根据实际需要，核定开户单位3天至5天的日常零星开支所需的库存现金限额。边远地区和交通不便地区的开户单位的库存现金限额，可以多于5天，但不得超过15天的日常零星开支。

第十条 经核定的库存现金限额，开户单位必须严格遵守。需要增加或者减少库存现金限额的，应当向开户银行提出申请，由开户银行核定。

第十一条 开户单位现金收支应当依照下列规定办理：

（一）开户单位现金收入应当于当日送存开户银行。当日送存确有困难的，由开户银行确定送存时间；

（二）开户单位支付现金，可以从本单位库存现金限额中支付或者从开户银行提取，不得从本单位的现金收入中直接支付（即坐支）。因特殊情况需要坐支现金的，应当事先报经开户银行审查批准，由开户银行核定坐支范围和限额。坐支单位应当定期向开户银行报送坐支金额和使用情况；

（三）开户单位根据本条例第五条和第六条的规定，从开户银行提取现金，应当写明用途，由本单位财会部门负责人签字盖章，经开户银行审核后，予以支付现金；

（四）因采购地点不固定，交通不便，生产或者市场急需，抢险救灾以及其他特殊情况必须使用现金的，开户单位应当向开户银行提出申请，由本单位财会部门负责人签字盖章，经开户银行审核后，予以支付现金。

第十二条　开户单位应当建立健全现金账目，逐笔记载现金支付。账目应当日清月结，账款相符。

第十三条　对个体工商户、农村承包经营户发放的贷款，应当以转账方式支付。对确需在集市使用现金购买物资的，经开户银行审核后，可以在贷款金额内支付现金。

第十四条　在开户银行开户的个体工商户、农村承包经营户异地采购所需贷款，应当通过银行汇兑方式支付。因采购地点不固定，交通不便必须携带现金的，由开户银行根据实际需要，予以支付现金。

未在开户银行开户的个体工商户、农村承包经营户异地采购所需货款，可以通过银行汇兑方式支付。凡加盖现金字样的结算凭证，汇入银行必须保证支付现金。

第十五条　具备条件的银行应当接受开户单位的委托，开展代发工资、转存储蓄业务。

第十六条　为保证开户单位的现金收入及时送存银行，开户银行必须按照规定做好现金收款工作，不得随意缩短收款时间。大中城市和商业比较集中的地区，应当建立非营业时间收款制度。

第十七条　开户银行应当加强柜台审查，定期和不定期地对开户单位现金收支情况进行检查，并按规定向当地人民银行报告现金管理情况。

第十八条　一个单位在几家银行开户的，由一家开户银行负责现金管理工作，核定开户单位库存现金限额。

各金融机构的现金管理分工，由中国人民银行确定。有关现金管理分工的争议，由当地人民银行协调、裁决。

第十九条　开户银行应当建立健全现金管理制度，配备专职人员，改进工作作风，改善服务设施。现金管理工作所露经费应当在开户银行业务费中解决。

第三章　法律责任

第二十条　开户单位有下列情形之一的，开户银行应当依照中国人民银行的规定，责令其停止违法活动，并可根据情节轻重处以罚款：

（一）超出规定范围、限额使用现金的；

（二）超出核定的库存现金限额留存现金的。

第二十一条 开户单位有下列情形之一的，开户银行应当依照中国人民银行的规定，予以警告或者罚款；情节严重的，可在一定期限内停止对该单位的贷款或者停止对该单位的现金支付：

（一）对现金结算给予比转账结算优惠待遇的；

（二）拒收支票、银行汇票和银行本票的；

（三）违反本条例第八条规定，不采取转账结算方式购置国家规定的专项控制商品的；

（四）用不符合财务会计制度规定的凭证顶替库存现金的；

（五）用转账凭证套换现金的；

（六）编造用途套取现金的；

（七）互相借用现金的；

（八）利用账户替其他单位和个人套取现金的；

（九）将单位的现金收入按个人储蓄方式存入银行的；

（十）保留账外公款的；

（十一）未经批准坐支或者未按开户银行核定的坐支范围和限额坐支现金的。

第二十二条 开户单位对开户银行作出的处罚决定不服的，必须首先按照处罚决定执行，然后可在10日内向开户银行的同级人民银行申请复议。同级人民银行应当在收到复议申请之日起30日内作出复议决定。开户单位对复议决定不服的，可以在收到复议决定之日起30日内向人民法院起诉。

第二十三条 银行工作人员违反本条例规定，徇私舞弊、贪污受贿、玩忽职守、纵容违法行为的，应当根据情节轻重，给予行政处分和经济处罚；构成犯罪的，由司法机关依法追究刑事责任。

第四章 附 则

第二十四条 本条例由中国人民银行负责解释；施行细则由中国人民银行制定。

第二十五条 本条例自1988年10月1日起施行。1977年11月28日发布的《国务院关于实行现金管理的决定》同时废止。